Carl Knabe

Geschichte der Stadt Torgau bis zur Zeit der Reformation

Carl Knabe

Geschichte der Stadt Torgau bis zur Zeit der Reformation

ISBN/EAN: 9783743421851

Hergestellt in Europa, USA, Kanada, Australien, Japan

Cover: Foto ©ninafisch / pixelio.de

Carl Knabe

Geschichte der Stadt Torgau bis zur Zeit der Reformation

Geschichte
der
Stadt Torgau
bis zur Zeit der Reformation.

Nach den Urkunden zusammengestellt

von

Dr. C. Knabe.

Torgau.
Verlag von Friedr. Jacob.
1880.

Vorwort.

Die Geschicke einer Stadt wie Torgau liegen weit ab von der großen Heerstraße der allgemeinen Geschichte; wer es unternimmt sie zu schildern, muß sich begnügen mit der bescheidenern Aufgabe, dem historischen Bedürfnisse der jetzt lebenden Bürger durch ein schmuckloses Bild von dem Werden ihrer Vaterstadt entgegen zu kommen. Leider zeigen nun viele Stellen eines solchen Bildes der Entwickelung Torgaus eine unerfreuliche Leere: Torgau hat sich nie einer heimischen Geschichts= schreibung erfreut, selbst von einer historischen Tätigkeit der Franzis= kaner findet sich keine Spur und die späteren Chroniken sind für die ältere Zeit völlig wertlos, Böhme vor allem hat durch seine erdichteten Angaben nur geschadet. So bleiben, abgesehen von gelegentlichen Erwähnungen der Stadt, nur die Urkunden; sie sind zwar unverdächtige Zeugen, geben aber doch nur immer über einen bestimmten Punkt Auskunft, selten daß sie uns auch nur die Geschichte ihrer eignen Ent= stehung erzälen. Trotz der Mangelhaftigkeit des Bildes habe ich aber doch nicht geglaubt, auf die unsichere Hoffnung hin, daß sich noch hie und da einige Ergänzungen auffinden werden, den Bürgern der Stadt eine Zusammenstellung des historisch Sicheren länger vorenthalten zu sollen.

Die nachstehende Darstellung beruht auf folgendem handschrift= lichen Materiale: 1) den Urkunden des Ratsarchivs (unter R. A. citirt), 2) den Urkunden des Kirchenarchivs, die jetzt in der Sammlung städtischer Altertümer aufbewart werden (St. M.), 3) dem Privilegien= buche (Copialbuche, im Ratsarchive Cap. II, 3, n. 1), 4) dem jüngeren Stadtbuche von 1557 (Ratsarchiv Cap. II in mehreren Abschriften), 5) einem Verzeichniß der Ratspersonen seit 1409 (handschriftlich in der Gymnasialbibliothek), 6) dem ältesten Schoßregister von 1505 und der ältesten Stadtrechnung von 1535 (beide im Ratsarchive). Außer= dem habe ich den Akten des Ratsarchivs, dessen unbeschränkte Benutzung mir in höchst zuvorkommender Weise gestattet wurde, noch manche Einzelnheit entnehmen können. Dagegen bieten die auf der Gymnasial=

bibliothek aufbewarten, von Grulich in seiner Vorrede erwähnten, mehr als dreißig Bände für die ältere Geschichte fast gar nichts, auch Krubthoffs „historischer Stromateus" (handschriftlich ebenda) enthält nur wenig brauchbares. Von gedruckten Werken, die Torgaus erwähnen, hoffe ich keins übersehen zu haben, ältere Drucke wurden mir von der Dresdener Bibliothek mit bekannter Liberalität geliehen.

Noch eines Mannes ist hier dankbar zu gedenken, der sich um die ältere Geschichte Torgaus außerordentlich verdient gemacht hat, des Senators Riese († 1814). Er hat alle auf Torgau Bezug habenden Urkunden gesammelt, (so daß er allein uns den Inhalt von 20 jetzt verlornen Urkunden des Ratsarchivs erhalten hat; übrigens waren nach einem von mir aufgefundenen Verzeichnisse im 16. Jahrhunderte nur einige unwesentliche Urkunden mehr im Ratsarchive, als Riese vorgefunden hat; aus dem Kirchenarchive sind nur 4 Urkunden verloren); er hat das älteste Stadtbuch abgeschrieben, (leider ist von seiner Abschrift ein Teil verschwunden), hat über manche Ortsnamen noch aus eigenem Wissen Auskunft geben können, ja er hat zuletzt selbst Hand an eine Geschichte Torgaus gelegt; freilich ist er auf den wenigen (lateinisch geschriebenen, fast nur mit Vermutungen gefüllten) hinterlassenen Bogen nicht über die älteste Zeit hinausgekommen. Seine Sammlungen werden in vier Kapseln auf der Gymnasialbibliothek aufbewart. (Die Abschriften sind unter N. D. citirt.)

Von der Geschichte des Landes und der Fürsten habe ich in kurzem Auszuge nur so viel gegeben, als zur Orientirung nötig erschien, ohne hier etwas selbständiges bringen zu wollen. Eine Geschichte der Herren von Torgau in die Geschichte der Stadt zu verweben lag nicht in meinem Plane.

Torgau, den 1. Dezember 1879.

C. K.

1. Vorgeschichte.

Als die Germanen auf den Boden des römischen Reiches vordrangen, rückte in die leer gewordenen Sitze ein anderer Zweig der Völkerfamilie, der auch jene angehören, ein, die Slaven; eine historische Kunde davon, wie diese Einwanderung vor sich ging und die neuen Bewohner sich mit der auf jeden Fall zurückgebliebenen dünnen germanischen Bevölkerung auseinandersetzten, ist nicht auf uns gekommen, als Grenze der beiden Stämme finden wir im 7. Jahrhundert im Norden die Elbe und Saale. Einige Kunde erhalten wir, nachdem die nächsten Nachbarn der Slaven, die Thüringer, in dem Frankenreiche aufgegangen (c. 530); wir erfaren von einem großen Reiche, das ein Franke, Samo, unter den Slaven gründete (623—657), von einem Vordringen der Franken oder Thüringer nach Osten ist jetzt noch keine Rede; umgekehrt machten sich die Slaven durch fortwärende Einfälle in das Land der Thüringer recht unbequem. Diese unausgesetzte Bedrohung der Ostgrenze von Seiten der Slaven machte eine besondere Reichsverwaltung im Osten wünschenswert, weshalb der König Dagobert 632 nicht nur seinen Sohn Sigibert unter Leitung des Adalgisel (als Hausmeier) zum besonderen König in Austrasien setzte, sondern auch den Thüringern in der Person des Radulf einen besonderen Herzog bestellte. Dieser kämpfte so glücklich gegen die Slaven, daß er daran denken konnte sich selbständig zu machen; jedoch ist Thüringen immer ein Teil des Frankenreiches geblieben. Erst unter Karl dem Großen beginnt das Vordringen der Germanen in die früher von ihnen aufgegebenen Sitze. Schon 782 stand in Folge wiederholter Einfälle der Sorben (dieser slavische Stamm saß zwischen Saale und Elbe) ein Heer gegen sie bereit, doch wurde dasselbe seiner Bestimmung durch einen Aufstand der Sachsen entzogen. Nachdem dann die Sorben 789 als Verbündete Karls gegen die Wilzen erschienen, kämpfte 806 Karl der Sohn gegen sie und andere Slaven und erbaute zwei Castelle zum Schutz der Grenze, das eine bei Magdeburg, das andere am Ufer der Saale (Halle?).

Doch war damit die Gefar der Slaveneinfälle nicht beseitigt: der Schutz der Grenze ist deshalb in der Folge beständig mehreren Grafen anvertraut, die als Markgrafen erscheinen, denn Mark ist damals nicht, wie später, ein dem Feinde entrissenes Land **über** der Landesgrenze, sondern eine **innerhalb** des alten Reichsgebietes aus mehreren Gauen zur Abwehr feindlicher Einfälle gebildete Grenzprovinz. Als solche Markgrafen haben an der Saale gewaltet Thaculf (dux Sorabici limitis) bis 873, der oft mit Sorabi und Siusli zu kämpfen hatte, Ratolf 880, Poppo bis 892, Burkard, welcher 908 gegen die Magyaren fiel. Da übernam die Verwaltung Thüringens und den Schutz der Grenze Otto, der Herzog der Sachsen, und seit der Zeit finden wir die Sorben dauernd abhängig, ihr Gebiet als einen Teil der thüringischen Mark. Auch über diese Eroberung wissen wir nichts näheres; sie ist auf jeden Fall hier, wie weiter nördlich, allmählich so vor sich gegangen, daß die Deutschen nach vorn geeignete Punkte besetzten, namentlich auf dem höheren linken Ufer der Mulde und der Elbe, sie befestigten und mit einer stehenden Verteidigungsmannschaft belegten; deutsche Bauern siedelten sich unter dem Schutze dieser Werke (Burgen) an, die Sorben, die nicht erschlagen wurden, fügten sich und verschmolzen mit den Deutschen, so daß wir später fast gar nichts von ihnen hören; nur die slavischen Ortsnamen sind geblieben. Die Slaven waren nicht ohne Verwaltungsbezirke gewesen (diese beruhten auf religiösem Grunde, ihr Mittelpunkt scheint immer ein Heiligtum gewesen zu sein[1])), die Deutschen haben diese wohl beibehalten, so daß sie den Gauen entsprechen; daß aber wirklich die Gauverfassung streng durchgeführt worden, ist wenig warscheinlich, Grafen erscheinen in diesen Gegenden nicht in fester Aufeinanderfolge. Ein größeres Gewicht fiel hier auf die Verteidigung der Burgen, es wird geradezu die Verwaltung nach Burgwardien als eine Eigentümlichkeit dieser Gegenden bezeichnet[2]). Zur Verteidigung dieser Burgen ist nämlich eine stehende Besatzung bestimmt, da der Heerbann, der nur zu Zeiten unter Waffen trat, dazu nicht ausreichte. Diese Leute (milites, Ritter) sind für ihren Unterhalt auf bestimmte Grundstücke rings um die Burg angewiesen, sind also Ministeriale, (aus denen später der niedere Adel erwachsen ist). An Land zu solcher Ausstattung fehlte es nicht; die Eroberer nahmen den Besitz der gefallenen slavischen Häuptlinge und das Tempelgut; beides war so umfassend, daß es für die neuen Einrichtungen nicht aufgebraucht wurde, daß aus dem Ueberschusse die Könige noch später Getreue und Kirchen ausstatten konnten. Der Befehlshaber einer solchen Burg hatte nun auch den Vorsitz im Gerichte für Burg und Burgwart, trat also vollständig an die Stelle des Grafen, wird aber in diesen Gegenden selten Burggraf genannt, gewöhnlich mit dem allgemeineren Namen Voigt bezeichnet, sein Amt als Voigtei. Ob übrigens zu einer solchen Burg auch von Anfang an immer eine Kirche gehörte, läßt sich nicht ausmachen; warscheinlich ist es, da ja die Unterworfenen auch zum Christentume zu bekehren waren und wo hätten die Priester größere Sicherheit gefunden, als im Schutze der Burg? Kirchlich gehörte das eroberte Land vorläufig ohne feste Organisation zu Mainz.

Etwas mehr Licht und Ordnung kommt in die Gegend zwischen Saale und Elbe erst, als Otto der Große das Erzbistum Magdeburg durch Stiftungen vorbereitete[3]). Es ergeben sich aus den Urkunden folgende Unterabteilungen: Serimunt zwischen Saale, Elbe, Mulbe und Fune, südlich davon Neletici mit Giebichenstein, ein zweites Neletici (?) mit Wurzen, Quesici mit Eilenburg, Siusili mit Holin (?); was östlich davon liegt, also das Land ungefär von Strehlen elbabwärts auf beiden Ufern, östlich von der Elster begrenzt, westlich bis zu der flachen Bodenerhebung, welche die Wasserscheide zwischen Elbe und Mulbe bildet, nördlich von der Elbe begrenzt ist Nisizi; darin liegt Torgau. Zum ersten Male wird Torgau genannt in der Urkunde vom 5. Juni 973, in welcher Otto II. die Schenkung seines Vaters, durch welche dieser dem Moritzkloster den zu seiner kaiserlichen Gewalt gehörenden Honigzehnten in diesen Gegenden überwiesen hatte, bestätigt.[4]) Aus ihr ersehen wir, daß der südliche Teil von Nisizi den Namen Nidkiki führt, in ihm liegt Belgora (Belgern), der Teil nördlich davon, in welchem Torgau liegt, zum Unterschiede vom westlichen Neletiki heißt Parvum N. (Klein-Neletiki.)

2. Ursprung der Stadt.

Keine Urkunde nennt uns den Namen des Gründers der Burg und der Stadt, keine das Jahr der Gründung, der Grund aber der Anlegung ergiebt sich klar aus der Lage: Es ist selbstverständlich, daß damals, als noch keine Dämme dem Elbstrome ein festes Bett anwiesen, bei Hochwasser die Elbaue weithin überschwemmt wurde, daß auch nach dem Zurücktreten der Flut eine Menge stehender Gewässer und feuchter Stellen verblieben; dazu erstreckte sich mindestens von dem heutigen großen Teiche, vielleicht aber von der Elbe bei Loßwig an nach Westen fast zwei Meilen lang eine sumpfige Bodenvertiefung, die noch heute an der feuchten Niederung des schwarzen Wassers zu erkennen ist; von Westen her gab es also keinen anderen Zugang zur Elbe, als die Bodenerhebung nördlich von jener Einsenkung, welche heute Chaussee und Eisenbahn benutzen, und dieser „hohe Weg" endete hart an der Elbe in der Erhebung eines Porphyrfelsens. Dieser Kopf wurde nie von der Hochflut der Elbe erreicht, bot also jederzeit einen sicheren

Zugang zum Strome und er bot zugleich einen festen Grund für die Anlage eines festen Hauses mit weiter Fernsicht. Aber noch mehr: der Porphyrzug, der sich nach Osten unterirdisch fortsetzt, stellte sich einer hinreichenden Vertiefung des Flußbettes als hartnäckiges Hinderniß entgegen, die Elbe war genötigt diesem harten Riegel mit einem Teile ihres Wassers auszuweichen: es zweigte sich oberhalb Grabitz ein Arm ab, der sich erst in der Nähe von Repitz mit dem Hauptstrom wieder vereinigte; noch heute lassen sich Spuren dieses Laufes erkennen, warscheinlich fanden auf dem so gebildeten „Wert" noch weitere Teilungen statt. So konnte denn der geteilte Fluß leicht am Fuße des Porphyrfelsens und dann noch einmal (bei Zwethau, wie später gezeigt werden wird) überschritten werden. Diese Strecke des Elblaufs hat eine überraschende Aenlichkeit mit dem Punkte, wo Magdeburg angelegt ist. Hier also auf dem Felsen (das spätere Schloß Hartenfels hat jede Spur der ursprünglichen Anlage getilgt) wurde eine Burg (d. h. ein Turm mit Wall und Graben, durchaus nicht in der Art der späteren Ritterburgen) angelegt und ihr das umliegende Land als Burgwart zugeteilt. Auf jeden Fall bestand hier schon eine sorbische Ansiedelung, auch die Slaven werden die Vorteile dieses Punktes benutzt haben; lange vor der deutschen Einwanderung wird hier eine Fähre gewesen sein. Auf eine Ansiedelung von Fischern weist noch heute das „Fischerdörfchen" hin (außerhalb der Burg und der Stadt, da zunächst die Slaven nicht in diese aufgenommen wurden), vielleicht ist auch die Entengasse (hart an der Stadtmauer, wie überall, wo später Slaven in die Städte aufgenommen wurden) ursprünglich eine Wendengasse. Slavische Urnen sind in großer Menge in der Umgegend gefunden, der Name der Stadt läßt sich nur aus dem Slavischen (= Markt) erklären. Einen großen Umfang hatte der Burgwart nicht: es galt auch andere Uebergangspunkte über die Elbe in änlicher Weise zu befestigen und diese Häuser auszustatten; so wurde der Bezirk von Torgau nördlich von den Burgwardien Elsnig und Dommitzsch, südlich von dem von Belgern begrenzt.[5]) Als Grenze ist eine Linie warscheinlich, welche von Neiden nördlich Weljau über Großwig oder Weidenhain, Klitzschen, Staupitz auf die Elbe unterhalb von Döbeltitz ging, über der Elbe Kaucklitz und Nichtewitz einschloß, nach Zschackau ging und über Zwethau und Rosenfeld wieder die Elbe erreichte. Innerhalb dieser Linie lagen erstens die an die Ritter ausgetanen Burglehne.[6]) Sodann waren die Hufen zunächst um Torgau an freie Männer ausgetan, natürlich Deutsche, welche die Verpflichtung hatten, zum Schutze der Burg mitzuwirken, namentlich zu wachen und Dienste bei Bauten zu leisten hatten, das sind die burgaere. Ferner hatten ebenfalls in nächster Nähe der Burg, hauptsächlich auf dem Wert ihre Lehen die, welche an der Spitze der Besatzung standen: Diese haben allerdings auch den Vorsitz im Gerichte gehabt, den Titel Grafen aber haben sie nicht gefürt, sie sind eben auch Ministeriale (auch als solche in Urkunden bezeichnet⁷)), nur stehen sie im Range über den gewönlichen Ministerialen, weshalb sie in Urkunden als Zeugen ihren Platz zwar nach den Grafen, aber vor den gewönlichen Rittern haben.

3. Aeußere Geschichte der Stadt.

Die Gegend zwischen Saale und Elbe wurde in den letzten Jaren Heinrichs I. von einem Grafen Siegfried verwaltet; nach dessen Tode 937 kam sie, wie die ganze slavische Grenze, an den berühmten Markgrafen Gero. Er und schon Heinrich I. haben dieser Gegend den Character einer eigentlichen Mark genommen: Heinrich hatte die Dalamincier (Gegend von Meißen) unterworfen, Gero unterwarf die Lausitzer. Nach des letzteren Tode 965 wurde sein Verwaltungsbezirk geteilt: Die Mark an der mittleren Saale und Mulde bis zur schwarzen Elster (später Ostmark, auch Mark Eilenburg genannt), also unsere Gegend, erhielt Thietmar, Sohn des Grafen Christian im Schwabengau und Serimunt und einer Schwester Geros. Nach dessen Tode 978 vereinte sie Hodo mit seiner Mark, die er nach dem Tode Geros erhalten (ungefär die Niederlausitz und einen Teil Polens, die jüngsten Eroberungen Geros), ihm folgte 993 bis 1015 Gero, Thietmars Sohn, diesem sein Sohn Thietmar (II.) bis 1029. Als dessen Sohn Odo bald darauf starb, fielen die Eigengüter dieses älteren Markgrafengeschlechts an die verwandten Grafen von Ballenstädt⁸); es läßt sich aber davon außer Belzern nichts nachweisen, auch ist unklar, ob sie hier Grafenrechte hatten, wie es für Serimunt feststeht; in der markgräflichen Würde sind sie nicht gefolgt. Diese kam an Dietrich, den ersten geschichtlich nachweisbaren Anherrn der Wettiner (1034). Ihm folgte sein Sohn Dedi bis 1075; von da bis 1081 war die Mark in der Hand Wratislavs von Böhmen, dann erhielt sie Dedi's Sohn Heinrich († 1103.) Seinen nachgeborenen Sohn Heinrich wollte dessen Vetter Conrad nicht als ächt anerkennen und da sein Vater Tiemo, der Bruder Dedi's, von Kaiser Heinrich IV. mit Ostmark und Meißen (welche Mark der ältere Heinrich zuletzt auch gehabt) belehnt worden war, nam er augenblicklich den markgräflichen Titel an. Aber die Wittwe Heinrich's, Gertrud, behauptete glücklich die Rechte ihres Sohnes gegen Conrad, ja Conrad wurde nach 1117 von seinem Vetter Heinrich gefangen genommen und war noch im Gewarsam auf der Burg Kirchberg bei Jena, als Heinrich 1123 ohne Erben starb.⁹) Conrad bewog seine Wächter ihn frei zu lassen. Er war unbestrittener Erbe der Eigengüter Heinrichs, aber auf seine Ansprüche an das Reichsamt nahm Kaiser Heinrich V. keine Rücksicht, sondern gab die Ostmark an Hermann von Winzenburg, Meißen an Wiprecht von Groitzsch. Dagegen trat nun Conrad und Albrecht von Ballenstädt mit Unterstützung Lothars, des Herzogs von Sachsen auf, Conrad setzte sich in Meißen fest, Albrecht in Eilenburg. Albrecht verlor diese Mark und die Lausitz 1131 und beide gingen nun auf Conrad über; seit dieser Zeit sind Ostmark und Meißen vereint geblieben.

Von der Stadt Torgau giebt es für diese Zeit keine directen Nachrichten, nur wechselt seine kirchliche Zugehörigkeit. Durch Otto I. ist die Gegend an das neu gegründete Erzbistum Magdeburg gekommen, wenigstens gab der verliehene Honigzehnte ein Recht darauf; die kirchliche Organisation scheint für die nächste Zeit unsicher geblieben zu sein. 1063 fiel der Bezirk an Meißen; erst von da an scheint das Christentum allgemein durchgeführt und die kirchliche Organisation fest geworden zu sein.[10] Erst Klosterstiftungen von Seiten der Wettiner bieten sichere Nachrichten über Torgau in drei Urkunden. Die erste ist von Conrad d. Gr. vom Jahre 1119; aus ihr ergiebt sich folgendes: die Wettiner haben Eigenbesitz in der Ostmark[11], darunter ein Gut bei Torgau (nämlich nördlich von der Stadt unmittelbar unter der Burg, westlich sich bis zur alten Stadt erstreckend, dazu ein Teil des Werders), in Torgau hat Conrads Vater Tiemo die Kirche (offenbar die Hauptkirche, Marienkirche) mit Hufen zuerst ausgestattet, (auch gegründet?) in Torgau wird bestimmt ein Kaufplatz (Markt) genannt. Jene Besitzung sammt der Kirche, seine Besitzung (ein Haus?) am Markte, die Zehnten von seinen Besitzungen in Stariz (Staaritz) und Tresgouue (Dröschkau) und von der Fischerei im See von den Fischern in Knosene (Knesen) ferner die villa Bodsesse[12] überträgt er dem Kloster Reinhartsbrunn zu dem Zwecke, daß auf diesem Besitz ein Mönchskloster angelegt wird, worüber er sich und seinen Nachkommen die Schutzgerechtigkeit vorbehält. Die Urkunde steht ganz isolirt; die Annalen von Reinhartsbrunn erwähnen zwar die Schenkung unter dem Jahre 1149, sonst aber nie wieder, auch erfaren wir von einem Mönchskloster in Torgau nichts[13]. Warscheinlich ist das Kloster in den folgenden unruhigen Zeiten gar nicht zu Stande gekommen, der Plan überhaupt aufgegeben. Hingegen hat irgend ein Wettiner mit derselben Ausstattung vor Torgau ein Cisterzienser-Nonnenkloster gestiftet ohne Verbindung mit Reinhartsbrunn. Es lag auf jenem Eigenbesitze der Wettiner nördlich unter der Burg (welcher Raum später das alte Kloster heißt), umfaßte diesen zwar nicht ganz, wie später gezeigt werden wird, war aber sonst reicher ausgestattet, wie sich aus den beiden Urkunden Heinrichs d. Erl. ergiebt. In der ersten vom Jahre 1243 überträgt Heinrich dem Kloster, das offenbar schon längere Zeit besteht, die Parochie Weßnig und die Kirche in Torgau mit allem

Zubehör, ferner die Kirche in Altbelgern, das Dorf Polbitz und den See bei Loßwig[14]). Noch mehr Besitzungen zält das Verzeichniß von 1251 auf, in welchem Jahre das Kloster aus unbekannten Ursachen nach Grimma (später nach Nimpschen verlegt wurde, wichtig, weil es zugleich über die umliegenden Ortschaften aufklärt[15]).

Nur einmal ist in der Folgezeit Torgau den Wettinern auf einige Jahre verloren worden: Heinrich d. Erl. hatte bei seinem Leben seine Besitzungen so geteilt, daß sein Sohn Albrecht (der Entartete) Thüringen, Dietrich die Mark Landsberg, (Teile der Ostmark und des Osterlandes), Friedrich Dresden und einige andere Stücke von Meißen erhielt. Als er 1288 starb, wurden die Besitzungen, die er sich selbst vorbehalten (Lausitz, Teile der Ostmark, hauptsächlich Torgau und Rest von Meißen so getheilt, daß Diezmann, Albrechts jüngerer Sohn die Lausitz, Albrecht selbst Torgau und mit Friedrich Tuto, dem Sohne Dietrichs von Landsberg (†1285) gemeinschaftlich Meißen erhielt. Diesen seinen Anteil an Meißen wollte Albrecht an Tuto verkaufen; dagegen trat sein älterer Sohn, Friedrich der Freidige, als Präsumptiverbe auf, nahm den Vater gefangen und zwang ihn zu einem Vertrage, Freiberg, Großenhain und Torgau an ihn abzutreten (25 Dez. 1288). Dieser Vertrag ist nicht ausgefürt worden, warscheinlich durch das Dazwischentreten Friedrichs Tuto; an diesen ist wirklich Albrechts Anteil an Meißen übergegangen, an Diezmann, unbekannt wie, Torgau. Dieser wurde von König Rudolf mit Torgau und der Lausitz 1289 belehnt. Friedrich Tuto starb 1291 ohne Erben. Aus seinem Besitz kam Meißen an Friedrich d. Fr., der größte Teil des Osterlandes an Diezmann, Landsberg an den Vater Albrecht. (Dieses hat er ohne Einspruch der Söhne an Otto IV. von Brandenburg verkauft.) König Adolf (von Nassau) erkannte aber die Erbfolge Friedrichs in Meißen und Diezmanns im Osterlande nicht an, sondern betrachtete die Besitzungen Friedrich Tuto's als eröffnete Reichslehen, wußte auch Albrecht durch Geld zu bestimmen, ihn gegen alles Herkommen als Erben in Thüringen einzusetzen und suchte nun sich in Besitz der drei Länder zu setzen. 1294 kam er mit einem Heere bis Freiburg a. U., 1295 bis Meißen. Friedrich d. Fr. mußte für einige Zeit landflüchtig werden. Die Besitzungen Diezmanns, mit denen er von König Rudolf belehnt war, also Lausitz und Torgau kamen gar nicht in Betracht; es ist also die Behauptung Boehmes, die andere ihm nachgesprochen haben, daß die „Grafen" von Torgau in diesem Kriege ihre „Grafschaft" verloren hätten, aus der Luft gegriffen[15a]).

Nach dem Sturze Adolfs setzten sich Friedrich und Diezmann wieder in Teilen von Meißen und des Osterlandes fest. Aber auch der Nachfolger Adolfs, Albrecht, hielt an dem Anspruche Adolfs fest. Die wechselnden Kämpfe zwischen ihm und den Brüdern sind hier nicht zu verfolgen. Nachdem die Truppen des Königs 1307 bei Lucka geschlagen worden waren, besetzten die Brüder allmählich die umstrittenen Länder. Als nun Diezmann im Dezember 1307, König Albrecht am 1. Mai 1308 ermordet worden, waren die Länder eigentlich herrenlos, denn Friedrich d. Fr. war nie belehnt worden. Deshalb schloß dieser, da die Wahl eines Königs sich verzögerte, mit den Herren und Städten der Länder besondere Verträge auf zeitweise Anerkennung, auch mit Torgau. Die Stadt begiebt sich bis zur Wahl eines neuen Königs in den besonderen Schutz Friedrichs, er verspricht sie bei den alten Gewohnheitsrechten zu lassen[16]). Dieses Verhältniß dauerte bis 1310, wo Friedrich von Johann von Böhmen, dem Sohne König Heinrichs VII., in einem Vertrage zu Prag vom 18. Dezember im Namen seines Vaters als Erbe der thüringisch-meißnischen Lande anerkannt wurde. Er hat aber doch Torgau auf einige Jahre verloren: König Albrecht nämlich hatte die Markgrafen von Brandenburg dadurch für sich gewonnen, daß er ihnen eine bedeutende Geldsumme versprach und ihnen als Unterpfand einige Städte der Mark Meißen, nämlich Meißen, Freiburg, Döbeln, Großenhain, Oschatz und Grimma überwies. Nachdem Friedrich 1309 belehnt war, nahm er zwar Großenhain, Döbeln, Oschatz und Grimma wieder, wurde aber 1312 von Waldemar von Brandenburg gefangen, mußte Großenhain herausgeben und für die anderen Städte den Bezirk Torgau mit der Stadt abtreten. Damit wurden auch die Burgvoigte beseitigt, es erscheint 1316 Graf Albrecht zu Anhalt als Vertreter Waldemars in Torgau. Schon 1319, als Waldemar starb, besetzte Friedrich die abgetretenen Städte und die Mark Landsberg wieder, die Herren von Torgau scheinen aber nur den Vorsitz im Gericht wieder erhalten zu haben, nicht den Befehl in der Burg, wenigstens wird etwas später ein fürstlicher "Hauptmann" in Torgau genannt (Otto von Czanewitz). Die Teilungen der Wettiner aufzuführen ist unnötig, da sie für die Stadt Torgau von keiner Bedeutung sind; bei der endgültigen Teilung von 1485 kam Torgau an die ältere, ernestinische, in Folge des Schmalkaldischen Krieges an die jüngere, albertinische Linie.

4. Innere Geschichte der Stadt.

Zeit und nähere Umstände der Gründung von Burg und Stadt sind unbekannt, nur so viel steht fest, daß sie bereits unter Heinrich I. oder Markgraf Gero erfolgt sein muß und zwar auf Reichsboden, denn die Stadt ist eine fürstliche. Die Deutschen (denn die Slaven wurden zunächst von dem Burg- (Stadt-) Bezirk ausgeschlossen; als sie später aufgenommen wurden, wohnten sie immer hart neben den Stadtmauern)

welche unmittelbar westlich neben der Burg noch auf dem Porphyr=
felsen angesiedelt wurden, waren freie Männer mit freiem Grundbesitz,
sie waren sie verpflichtet zum Schutze der Burg durch Wachen, Bauen
u. s. w. mitzuwirken. Die Ansiedelung, die auf jeden Fall von Anfang
an wenigstens mit Wall und Graben befestigt war[17]), hatte die gewön=
liche Gemeindeverfassung: ein Scultetus (Schultheiß, Schulze) stand
an der Spitze des Niedergerichts, er urteilte mit seinen Schöffen über
geringere Sachen; im oberen Gericht (entsprechend dem Gaugericht),
welches von sieben Schöffen gebildet wurde, hatte der Burgvoigt (ent=
sprechend dem Grafen) den Vorsitz, die Schöffen mußten freie, grund=
besitzende Männer sein, es wurde regelmäßig an drei Tagen gehegt,
ein Drittteil der Bußen fiel an den Burgvoigt, die beiden andern an
den Markgrafen. Neben dieser Burgmannengemeinde bestanden noch
zwei andere Gemeinwesen, 1) „die alte Stadt" im Norden unmittelbar
unter der späteren Stadtmauer ein wenig östlich vom Hospitaltor in
der Verlängerung der Stümpfergasse (jetzt Wittenberger Straße), von
der aus eine Pforte in die alte Stadt führte, und 2) das Fischer=
dörfchen, südlich unter der Burg, beide offenbar Reste der alten
slavischen Siedelung, beide mit eigenem Gerichte.

An Verwaltungs=Angelegenheiten, welche neben dem Burgvoigt
eine besondere Verwaltungsbehörde nötig gemacht hätten, gab es an=
fänglich offenbar so gut wie keine; aber die günstige Lage des Ortes
und die Sicherheit, welche die Burg bot, lockte bald noch eine andere
Bevölkerung heran: Kaufleute, schon wegen des Uebergangs über die
Elbe, und Handwerker; schon 1288 wird Haus (Burg) und Stadt
unterschieden. Es liegt in der Natur der Sache, daß die nun allmählich
nötig werdende Verwaltung diejenigen Leute (als Rat) übernamen,
die einmal zur Vertretung der Gemeine berufen waren, nämlich die
Schöffen; es wird das auch dadurch bewiesen, daß noch 1360, ja sogar
noch 1417 die Ratsmänner sich Schöffen nennen und 1433 die Schöffen
neben ihnen als Vertreter der Stadt aufgezählt werden[19]).

Es entstand also eine doppelte Gemeinde in der Stadt, die der
alten Burgmannen mit Grundbesitz, aus denen allein die Schöffen, also
auch die Ratsmitglieder, hervorgehen konnten, die deshalb Ratsverwandte
oder „Gefreundte" genannt werden, eine Art Patriciat, und ihnen
gegenüber eine von diesem Rechte ausgeschlossene, nur den Schutz der
Stadt genießende Menge. Damit ist ein Kampf zwischen beiden
gegeben: folgerichtig weigerten sich die Neubürger an den Lasten der
Altbürger teilzunehmen. Wir sehen dies daraus, daß 1305 Markgraf
Dietrich bestimmte, daß auch die Kaufleute an den städtischen Lasten
Teil nehmen sollten; daß sie nun auch Schöffen werden und in den
Rat kommen konnten, ist nicht gesagt, aber warscheinlich.[19]) Ein Rat
wird überhaupt in der Urkunde noch nicht direct genannt, aber es

werden die incolae (die Neubürger, in den folgenden Urkunden als inquilini und universitas bezeichnet) entgegengesetzt den cives (das sind die burgaere, welches Wort so seine Bedeutung gewandelt hat.[20])) Zum ersten Male wird ein Rat genannt in einer Urkunde Markgraf Friedrichs von 1343.[21]) Er bestimmt, daß alle Einwohner (Kaufleute und Handwerker) innerhalb und außerhalb der Mauern (also auch in den Vorstädten) allen Lasten unterliegen sollen, bestätigt alle Rechte der Stadt, welche sie beweisen kann,[21a]) und erteilt dem Rat (den consulibus civitatis) das Recht des Zwanges den widerstrebenden gegenüber, die erste Erwähnung eines bestimmten Rechtes des Rates; daß übrigens der Rat die Polizeiaufsicht gehabt, ergiebt sich aus dem Vertrag, den er 1344 mit Grimma und Oschatz auf gegenseitige Unterstützung zur Verfolgung von Räubern und Dieben abschloß; freilich unter Genemigung des Markgrafen.[22])

Einen entscheidenden Schritt tat der Rat, als er 1379 die Gerichtsbarkeit des Burgvoigtes, „die Voigtei" erlangte: Dietrich von Torgau verkaufte sie, d. h. den Vorsitz im oberen Gerichte und sein Drittteil an den Gerichtseinkünften um 130 Schock Groschen an den Rat als Lehen; die beiden andern Drittel blieben dem Markgrafen.[23])

Seit dieser Zeit führt ein Ratsherr, der „Richter", den Vorsitz im Gerichte. Nun strebte der Rat mit allen Mitteln dahin, in der Stadt keine andere Gerichtsbarkeit neben der seinigen zu haben. Zwar an der besondern Gerichtsbarkeit der milites konnte er nicht rütteln, die Burg ist immer von der städtischen Gerichtsbarkeit ausgenommen, hier gilt Lehnrecht; aber die geistliche suchte er möglichst zu beschränken: es war schon 1360 bestimmt, daß an die todte Hand nur Geld (nicht liegende Gründe) durch Testament vermacht werden könnte; eine fremde Gerichtsbarkeit usurpirte er. Nämlich 1382 beklagt sich der Probst vom Petersberge bitter, daß der Rat die Leute auf dem Mühlhofe zu Lasten heranziehe und auf demselben die Gerichte beanspruche.[24]) Mit diesem Mühlhofe hat es folgende Bewandtniß: Nicht der ganze Besitz der Wettiner war dem dort gestifteten Nonnenkloster übertragen, ein Stück Land zwischen dem Kloster und der alten Stadt blieb den Wettinern. Dieses Stück überließ Ulrich von Wettin (Enkel Conrads † 1205) an das Kloster auf dem Petersberge für einen goldenen Kelch, den dasselbe als Unterpfand für eine Schuld Ulrichs bei einem Juden in Halle hergegeben hatte; bei Jude war von einem Einbrecher ermordet worden und der Kelch verschwunden. Auf diesem Lande hatte der Probst Walther (1192—1205) an einer Ableitung des schwarzen Wassers eine Mühle angelegt.[25]) Einen großen Umfang hatte dieser Mühlhof nicht und da seine Bewirtschaftung vom Petersberge aus offenbar unbequem war, hatte ihn das Kloster an die in Dommitzsch und Torgau begüterte Familie Meytsch (Mehtsch) als Lehen gegeben mit Vorbehalt der Gerichtsbarkeit. Der Rat bestand auf seinem usurpirten Rechte und Claus Mehtzsch schenkte, um den Streit aus der Welt zu schaffen, das Grundstück (nämlich einen Hopfengarten und zwei Höfe) zur ewigen Spende und Probst Johann vom Petersberge bestätigte 1387 diese Schenkung (mit dem Gerichte) mit der Bestimmung, daß jährlich sechs Groschen an sechs Sieche und an den Petersberg 8 Groschen Zins, offenbar als Anerkennung des obersten Rechtes des Klosters gezahlt würden.[24]) Die Mühle ist später verschwunden, auf dem Platze, der weiter Mühlhof hieß, erwähnen die Schoßregister 5—8 Häuser, ein Teil ist später zu dem fürstlichen Baumgarten gekommen, die ganze Anlage in den jetzigen Festungswerken verschwunden; doch fand man noch beim Bau derselben im damaligen Bienerschen Garten (in der Nähe des Wittenberger Tors) das Mühlgerinne.

Erweitert wurde das Gebiet des Stadtgerichts, da Markgraf Wilhelm 1387 ein Stück vor der Stadt (beschrieben: wo der Heergraben vor dem Leipziger Tor sich anhebt gegen die Steinbrücke, von da bis ans Schwarzwasser und dann den Heergraben hinab bis unter das Spitaltor) demselben überwies und dem Landgerichte nam. 1390 wurde die Stadt von Wilhelm mit dem 1379 erkauften dritten Pfennig am Gerichte (dem Drittel der Bußen) belehnt; warscheinlich haben dabei die Herren von Torgau ihr Lehnrecht aufgegeben, wenigstens findet sich später nie eine Erwähnung eines Rechtes derselben; die Stadt soll nach seinem Briefe ihn in derselben Weise besitzen, wie die Erbrichter zu Meißen, Dresden und Großenhain.[26]) 1437 überließ Churfürst Friedrich der Stadt die zwei Pfennige am Gerichte (seine zwei Drittel der Bußen) als Pfand vorläufig auf 6 Jahre,[27]) ließ aber 1444 den Vorbehalt der Einlösung fallen, so daß seit diesem Jare die Stadt das volle Gericht zu Lehen hat.[28]) In demselben Jar verfügte Friedrich, daß die Schöffen nicht mehr, wie bisher, järlich wechseln sollten, (wegen der Unsicherheit der Ueberlieferung der Rechtsgrundsätze), sondern der Rat sieben ewige (lebenslängliche) Schöffen aus dem Rate wälen sollte.[29]) Bei dem Uebergang der Gerichte an den Rat ist der Schultheiß verschwunden,[30]) der Richter ist Vorsitzender im gewöhnlichen Ding und im Voigteigerichte. Doch ist er nicht der einzige Richter in der Stadt, es gab neben ihm 1) einen Stadthufenrichter (ist vielleicht der Schultheiß mit beschränkter Competenz) und einen von den Naundorfer Hufen, von den Hüfnern gewählt, vom Rate bestätigt; ihre Tätigkeit beschränkte sich auf die Auflassung bei Hufenverkäufen und zwar wurden die Stadthufen herkömmlich auf der Brücke am Leipziger Tore aufgelassen; 2) besondere Richter und Schöffen vor dem Leipziger und Spitaltore, vor dem Fischertore und in der alten Stadt. Diese wurden 1545 aufgehoben, aber schon 1546 in der alten Stadt, „dieweil sie sehr alt", wieder nachgelassen, nur dazu zwei Ratsleute und der Stadtschreiber deputirt, auch 1548 vor dem Leipziger und Spitaltore und 1550 vor dem Fischertore ein Gericht, aus einem Ratsherren und zwei Schöppen bestehend, eingesetzt, doch müssen sie über alle Sachen an den Stadtrichter berichten.

Der Stadtrichter leitete, wie früher der Schultheiß, das gewöhnliche Ding, das alle 14 Tage gehalten wurde, vor welches Klagen von Gütern und Geldschulden, Schenkungen, Auflassungen gehörten und nam die Polizeigerichtsbarkeit war, und, wie früher der Voigt, die drei Voigteigerichte, „die Vorgedinge", die Mittwoch nach den drei Leipziger Jahrmärkten (Messen) gehalten wurden; außerdem das peinliche Gericht, das nach Bedürfniß zusammentrat; in bürgerlichen Sachen ist das Gericht mit 3, im peinlichen Halsgerichte mit 6 Schöffen besetzt.

Die Hegung des Gerichts wird also geschildert:[31])

Der Richter setzt sich in der untern Ratsstube am obern Tisch zu oberst, die Schöffen um den Tisch herum. Dann fragt er den Schöffen zur linken Hand: Er (Herr) Schöppe, ich frage euch, ob es in der Zeit und Stunde sei, eines erbarn Rats dieser Stadt Torgau Vording zu hegen. Darauf antwortet der Schöffe: wolt ihr die Frage oder habe ich die Frage. Darauf Richter: Ja. Schöppe: Weil ihr von Gott vorsehen und vom Rat dazu gesezet und verordnet seid, ein Vorgedinge zu hegen, erkenne ich die Stunde und Zeit und ihr thut es billich. Richter: so hege ich ein Vording von Gottes, Rats und Gerichtswegen mit Urtel und Recht zum erstenmale, mit Urtel und Recht zum andernmale, mit Urtel und Recht zum drittenmale; ich gebiete recht und verbiete unrecht bei dem Rechten was recht ist, ich gebiete alle dingliche Ding und verbiete alle undingliche Ding, ich verbiete daß Niemand zur Bank und davon gehe, es geschehe denn mit Laube (Erlaubniß), auch das Niemand sein selbst oder eines andern Wort rede, es geschehe denn mit Laube, ich verbiete allen unlust vor diesem Gerichte. Nach solchen fragt der Richter den andern Schöppen zur linken Hand: Er Schöppe, ich frage euch, dieweil ich das Vording oder Gericht mit Urtel und Recht zwier und eins (zweimal und einmal) geheget und bekräftigt habe, auch alle dingliche Ding, die zu einem Vorgedinge gehören geboten und undingliche Dinge verboten habe, ob es nicht billich Kraft habe. Darauf antwortet der Schöppe: Ja, mit kurzen oder mehr Worten.

Nach empfangener Antwort des Schöppen läßt der Richter den Fronboten das Gericht ausrufen mit diesen Worten vel similibu (oder ähnlichen): Schweiget und höret, es ist meiner Herren, eines erbarn Rats und dieser Stadt T Vording und gericht geheyet einen

Jeden zu seinen Rechten, wer davor zu klagen hat oder zu thun, der mag sich gebührlich darzu finden.

Zu merken: wer vor dem Gericht zu thun hat, soll mit Laube des Richters vortreten, auch mit laube reden bescheidenlich nach geschehenem gehege wie zuvor, auch mit Laube wieder abtreten.

Fraget oder bittet indert ein Teil ein Urtel so fraget der Richter allerwegen den nächsten Schöppen an dem die Frage blieben eines urteils sprechend: Er Schöppe, Ihr habet die Frage; was der Schöppe urteilt, das zeiget der Richter den Parthen an.

Heuser zu verleihen.

(Wer etwas zu thun hat, muß den Tag zeitlichen zuvor durch den Fronboten geladen werden.) Wer verkauf hat soll nach Laube (Richter: ich gönne es oder erlaube es unterweilen mit Vermahnung das der Part bescheidenlich soll reden) mit dem Reise im Gerichte auflassen, Preis angeben, Lehnschaz zahlen für das Schock 4 neue Pfennige. Darnach läßt der Richter den Kauf und das eingelegte Reis ausrufen — spricht niemand dagegen, giebt der Richter dem Käufer das Reis sprechend: Weil das Reis ausgerufen und Niemand dawieder ist, so leihe ichs euch von Gottes, Rats= und Gerichtswegen im Namen des Vaters und des Sohnes und des heiligen Geistes, Amen und gebiete (=entlasse) euch mit Frieden.

(Käufer giebt 1 Groschen den Schöppen, einen alten Pfennig dem Richter, einen alten dem Stadtschreiber, darnach tritt er mit Laube ab von der Bank.)

Ist nichts mehr da, läßt der Richter 3mal vom Fronboten das Ende ausrufen. Dann fragt er den Schöppen, an dem die Frage ist: Er Schöppe, dieweil das Gerufe von dem Fronboten zwier und eins geschehen und Niemand weiters zu klagen vorkommt, ob ich nicht das Ding mit den Urteln und recht wie es geheget, macht habe aufzuheben, spricht der Schöppe ja. Darauf Richter: so hebe ichs mit den Urteln und recht auf, wie es gehegt ist im N. d. V. u. d. S. u. d. h. G. A.

a) Weitere Geschichte des Rats.

Der Streit zwischen Alt= und Neubürgern war zunächst zu Ungunsten der letzteren entschieden: sie wurden verpflichtet an allen Lasten der ersteren Teil zu nehmen ohne in die Ratsgemeinschaft aufgenommen zu werden; fortan strebten sie nun darnach, wenigstens eine Einsicht in die Verwaltung, namentlich in den Teil, an dem sie das meiste Interesse hatten, nämlich in die Einnahmen und Ausgaben zu erlangen. Leider liegen von der Geschichte dieses Kampfes nur Trümmer vor. Schon 1401 finden wir in einer Schuldverschreibung zu Gunsten der

Stadtkirche in Herzberg neben dem Rat die vier Gewerke, (unter diesem Worte sind nicht vier bestimmte Handwerke zu verstehen, sondern gewerke = Handwerksgenosse; der Ausdruck deutet auf Zünfte hin und allerdings haben nach dem alten Stadtbuche die Zünfte in Torgau im Anfange des 15. Jarhunderts ihre Verfassung erhalten); warscheinlich war aus jedem Viertel ein Vertreter; 1417 waren im alten Stadtbuche aus den 4 Vierteln je 2 Hauptleute mit Namen erwähnt, ebenso 1458 in tergo der ältesten erhaltenen Ratsbestätigung 8 Hauptleute und 1 Bannermeister. Daß diese Gemeindevertretung ihr Hauptaugenmerk auf die Verwaltung der Stadtgelder richtete, sieht man daraus, daß 1433 festgesetzt wird, der Rat solle an folgenden Punkten allein, ohne Schöffen und Hauptleute, nicht ändern: 1) den Weinkeller der Stadt zu gute zu halten, 2) den Salzmarkt zu verpachten, 3) die Garbude (Garküche) auf Zins auszutun, 4) die Buden in dem Kaufhause den Töpfern um Zins auszutun, 5) die Fleischhauer ihre Bänke verschossen zu lassen. Immer aber ist diese Controle von Seiten der Gemeine vom Rat bestritten worden, bis 1488 eine fürstliche Entscheidung dem Streite ein Ende machte. 1478 beklagte sich der Rat bei dem Fürsten, daß ihm die Gemeine um des nötigen Geldes willen aufsässig sei; damals wurde der Gemeine solches verwiesen. Aber schon 1481 erscheint die Gemeine als der klagende Teil und zwar klagt sie nicht nur über schlechte Verwaltung der städtischen Gelder, sondern auch und noch mehr über die Hohnreden der Patricier, namentlich des Nickel Dommitzsch. Während 1478 die Gemeine einen Verweis erhielt, wird jetzt dem Rate aufgegeben, die drei letzten Stadtrechnungen einzureichen. In den nächsten Jaren hören die Klagen nicht auf, angeblich über schlechte Wirtschaft von Seiten des Rats; allein dies kann der ware Grund nicht sein, da gerade in diesen Jaren der Rat im Stande ist ganz bedeutende Summen auszuleihen[32]), der ware Grund war das Bestreben des Rats die Gemeine von der Controle über seine Verwaltung zu verdrängen. Die Gährung in der Stadt wuchs so, daß endlich 1488 der Kurfürst Friedrich den Rat suspendirte, die Verwaltung und die Gerichte für einige Zeit an sich nam und eine Untersuchung einleitete, die zu folgendem Receß fürte: (16. Juni 1488.)

Das Vergangene ist vergessen und darf bei Strafe nie wieder aufgerührt werden; neben dem Rat werden 8 Viertelsmeister (auch Hauptleute genannt) aus der Gemeine gewält, zwei aus jedem Viertel (Fischer=, Leipziger=, Becker=, Spital=), an demselben Tage wie der Rat unter Vorsitz des kurfürstlichen Amtsschössers; sie haben die Controle über Einnahme und Ausgabe, namentlich sollen sie bei Einforderung des Schosses, Bestellung des Kellers und den Rechnungen der Stadt zugegen sein, in die andern Ratsgeschäfte haben sie sich aber nicht zu mischen. Dem Rat wird aufgegeben, die Rechnung nach Einnahme und Ausgabe specialisirt järlich beim Abgange des Rats im Beisein der Hauptleute und des Amtsschössers zu legen, die Stadtrechte sollen järlich den Bürgern beim Eingange des neuen Rats vorgelesen werden und die Geschlossenheit des Rats wird gebrochen: die Ratspersonen sollen von nun an nicht allein aus den Gefreundten (Ratsverwandten) gewält werden, sondern es sollen auch taugliche Männer aus den Hauptleuten und der Gemeine genommen werden; nahe Verwandte sollen nicht zusammen in demselben Rate sitzen. In der folgenden Zeit rücken nun viele der Viertelsmeister allmählig in den Rat auf, es erscheinen sogar plötzlich neue Namen sogleich im Rate, nie aber ist Jemand, der einmal dem Rat angehörte, wieder Viertelsmeister geworden. Der neue Rat und die Hauptleute wurden 1488 vom Fürsten ernannt, auch die Aemter von ihm verteilt, die Schöffen aus beiden genommen.[33])

Noch einmal haben die alten Familien versucht, den früheren Zustand wieder herzustellen: Als die Stadt durch den Schmalkaldischen Krieg an Moritz übergegangen war, wußten die Wortführer der Altbürger, Erasmus Köppe, Keilheimer und Broschwitz durch ihre Verbindungen bei Hofe es dahin zu bringen, daß nur der Rat, nicht auch die Viertelsmeister bestätigt wurden. Erst im Jare 1554 erlangte die Gemeine mit ihren Klagen bei dem neuen Kurfürsten August Gehör; er bestellte eine Commission aus Matthes Richter, Schösser in Torgau, Georg Winkler, Amtsverwalter in Eilenburg und Joachim Roebel, Hauptmann zu Schweinitz. Dieselbe trat am 8. Januar 1555 auf dem Schlosse in Torgau zusammen, forderte den Rat vor und verlangte Vorlegung der letzten neun Jaresrechnungen und des Recesses von 1488. Der Rat legte den Receß und sechs Rechnungen vor und bat für Ausstellung der drei letzten um eine Frist; es wurde ihm eine solche von acht Tagen gewärt. Darauf trat die Commission wieder am 17. Januar zusammen, forderte den Rat und acht Bürger aus der Gemeine, meist frühere Viertelsmeister, vor und fürte mehrere Tage lang die Untersuchung. (Dabei ein komisches Intermezzo: der Stadtschreiber Erasmus Nitzsche, der eigentlich die Rechnungen lesen mußte, entfernt sich, weil er noch die drei letzten Jarrechnungen, die also trotz der Frist noch nicht fertig waren, aufstellen müsse und macht unter den Bürgern auf Barthel Weiße aufmerksam, der die Rechnungen zu lesen vermöge. Der aber weigert sich, weil er des Rats Diener nicht sei und einen starken Katarrh habe. Da setzt der Bürgermeister Broschwitz seine Brille auf und fängt an zu lesen, es geht aber so schlecht, daß der Schösser ihn aufhören heißt. Unter den Ratsherren ist keiner, der lesen kann (?) und so muß doch zuletzt Weiße heran.) Die Untersuchung ergab nun zunächst, daß Erasmus Köppe und Keilheimer im Einverständniß mit dem Kanzler Pistoris (auch die Hilfe eines Dr. Kunnerstadt wird erwähnt) 1548 die Gemeindevertreter ausgelassen hatten; dann daß Broschwitz (Köppe ist 1553 gestorben) gegen alles Herkommen sechs Jare hintereinander im sitzenden Rat gewesen war, höchst parteiisch und willkührlich regiert, sogar gegen die Stimme der andern Ratsherren, und an den Gewonheitsrechten eigenmächtig geändert hatte. Aus der Prüfung der Rechnungen ergab sich manches sonderbare: nicht eigentlich Unredlichkeiten kamen in den vorgelegten (die letzten konnten gar nicht aufgestellt werden) an den Tag, aber eine kopflose Wirtschaft und kostspielige Unternehmungen: die Herren hatten das Stadtvermögen als das Eigentum der alten Familien angesehen, nur an Glieder dieser die Erträgnisse der Güter und die Fische zu Spottpreisen verkauft, sich die Besoldung erhöht und dazu noch die Besoldung der ausgelassenen Viertelsmeister unter sich verteilt, die Ratsessen ganz außerordentlich splendid ausgerichtet, auf der Stadt Gütern Aenderungen in der Bewirtschaftung vorgenommen, welche den Ertrag verschlangen, so daß man Heu und Stroh hatte kaufen müssen, auf Sandboden nach Lehm gegraben, neue kostspielige Teiche angelegt, die nichts einbrachten, kurz es war so weit gekommen, daß man einige Tausend Gulden Schulden hatte machen müssen. Die Untersuchung konnte zu keinem weiteren Resultat kommen, da Broschwitz, gegen den allein sie zuletzt gerichtet war, plötzlich verschwand. Es scheint fast, daß er flüchtig werden wollte; da erhielt er in Grimma einigen Trost von Hans von Ponickau und warscheinlich noch mehr von seinen Gönnern am Hofe, denn aus der ganzen Sache ist nicht viel geworden. Broschwitz's Gönner setzten auf jeden Fall ihren Einfluß ein, als das Protocoll an den Hof kam; vieles mochte sich als Mißgriff hinstellen lassen; außerdem hatte auch die Gemeine Grund die Sache vertuschen zu lassen, denn die Commission hatte gedroht, der Kurfürst würde Gericht und Verwaltung ganz an sich nehmen. So erging denn am 28. September 1556 ein kurfürstlicher Bescheid: die Irrungen werden darin auf die Kriegsläufte geschoben und einfach der Receß von 1488 wiederhergestellt. Von einer Bestrafung des zurückgekehrten Broschwitz ist keine Rede, er ist 1557 wieder Bürgermeister und obgleich über sein eigenmächtiges Regiment und seine Mißachtung der „Willkür" (der Gewonheitsrechte) so heftig geklagt worden war, ist gerade unter seiner Aufsicht die neue Redaction der städtischen Gewonheiten von 1557 angefertigt worden.[34])

Gewält wurde der Rat in folgender Weise: Der gesammte Rat bestand aus 24 Personen; wer einmal darin ist, bleibt darin bis an sein Lebensende, wenn nicht andauernde Krankheit oder Verarmung seinen Austritt nötig macht. Die Verwaltung füren immer ein Jar lang acht aus ihnen, der „sitzende Rat", nur bei besonders wichtigen

Anläſſen treten alle drei Räte zuſammen. Auch zur Wal treten alle zuſammen früh 6 oder 7 Uhr auf dem Rathauſe; die Wal ſelbſt nam der ſitzende Rat vor unter Leitung des Bürgermeiſters; dieſer forderte den Richter auf, einen tauglichen Mann vorzuſchlagen aus denen, die nach dem Walbuch ihr Sitzjar haben ſollen; über dieſen ſtimmen die andern ab, zuletzt der Bürgermeiſter; erhält er nicht die Majorität, ſo nennt der Richter einen andern, ebenſo die andern Mtiglieder des ſitzenden Rats, mit Ausnahme des Bürgermeiſters und ſeines Beiſitzers, ſo daß nur ſechs gewält werden; dafür treten aber Bürgermeiſter und Beiſitzer als „eingerufen" ohne weiteres in den neuen Rat. Wer alſo Bürgermeiſter oder Beiſitzer geweſen war, blieb zwei Jar hintereinander im ſitzenden Rat, ja der erſtere, falls er in ſeinem zweiten Jare Beiſitzer war, alle drei Jare.

War die Zal des Rats nicht vollſtändig, ſo wurden neue Männer hinein gewält, was in der Regel nötig war; es wird als ein beſonderes Ereigniß angemerkt, wenn einmal der Ratsſtuhl mit allen drei Räten vollſtändig beſetzt iſt.

An demſelben Tage wälen unter Leitung des Amtsſchöſſers die Viertelsmeiſter die neuen in änlicher Abſtimmung als der Rat. Von einer Wal des Rats und der Viertelsmeiſter durch die geſammte Gemeine iſt alſo keine Rede. Die Wal wird geheim gehalten bis die fürſtliche Beſtätigung eingetroffen iſt. (Für dieſelbe wird in die Kanzlei ein Schock Gr. gezalt). Nach eingetroffener Beſtätigung wird, gewönlich an einem Sonntage, die Bürgerſchaft durch die Bürgerglocke vor das Rathaus zuſammenberufen, ihr der neue Rat vorgeſtellt und das Stadtrecht vorgeleſen. Der alte Bürgermeiſter übergiebt dem neuen beide Siegel, der neue Rat wird vereidigt. Am andern Tage werden die Aemter verteilt, ſo daß immer zwei als tauglich bezeichnete hinausgehen und einer von ihnen gewält wird; es ſind: a) Richter, nur aus dem Rat; b) Kämmerer, c) Baumeiſter (er hat die Bewirtſchaftung der Stadtgüter, nicht die Bauten zu überwachen!) d) Weinmeiſter (Aufſeher des Stadtkellers) e) Fiſchmeiſter (Aufſeher der Teiche) f) Fleiſchſchatzer. (b—f wird noch einmal mit Viertelsmeiſtern beſetzt); außerdem findet ſich noch ein Futtermarſchall und ein Zeugmeiſter, aus den Viertelsmeiſtern, auch, aber nur zuweilen, wird ein Steinkäufer, Einnehmer des Stättegeldes, Hökermeiſter erwähnt.[35])

Seit dem Receß von 1488 werden als Bedingungen für den Eintritt in den Rat nur Grundbeſitz (auch nur ein Haus) und eheliche Geburt vorausgeſetzt, doch ſoll auch auf Wandel und Weſen geſehen werden. Ferner ſoll kein Ratsherr unter 25 und über 90 Jare alt ſein, er ſoll kein Gebrechen haben, es ſollen nicht zu reiche und nicht zu arme genommen werden, Gaſtgeber ſollen nicht im Rate ſein, ebenſo nahverwandte. Wer den Ratsſtuhl ausſchlägt, zalt fünf

Schock Groschen Strafe, wird aber dadurch nur für das eine Jar frei, nur alte und kranke sollen verschont werden, werden aber doch zu den Essen zugezogen. Wer Ratsheimlichkeiten verrät oder ein öffentlicher Lügner ist, wird ausgestoßen. Sitztage sind Montag, Mittwoch und Freitag Vormittag; Nachmittags werden die Geldsachen abgemacht. Wer ¼ nach 7 Uhr nicht kommt, zalt 4 Pf. Buße.

b) Emolumente der Ratspersonen.

Der Bürgermeister erhält im 16. Jarhundert 10 Sch. 30 Gr. (=78,75 M. Metallwert), der Richter und Baumeister 7 Sch., die übrigen 5 Sch. 15 Gr.; die Viertelsmeister 1 Sch. 45 Gr.; nur der Futtermarschall und Kämmerer 3 Sch. 30 Gr., der Zeugmeister 21 Gr. Außerdem erhält jeder Ratsherr 8 Gr. und der Kämmerer von der Gemeine 36 Gr. vom Stättegeld und der Wage (von den Jarmärkten). Dazu kommen die Malzeiten, nämlich: 1) Kuressen oder Quaserei nach der Ratswal, sehr alter Brauch; am ersten Tage wird morgens und abends gegessen und dazu alle drei Räte, die Viertelsmeister, der Amtmann und Schösser, auch noch andere Personen geladen; am zweiten werden mittags der Pfarrherr, die Diaconi, Schulmeister und Schulgesellen geladen, am Abendessen die drei Räte. Nach dem Receß von 1488 sollen auf diese Malzeiten nur zwei Sch. verwandt werden, doch ist diese Summe oft überschritten worden: 1534 kosten sie über 14 Sch.; dabei hatte der Abt von Dobrilug ein Reh geschenkt, waren 64 Kannen und 1 Nösel Wein gekauft und 22 Kannen roter aus dem Ratskeller geliefert.

2) Rechenessen, bei Ablegung der Rechnung, zu Mittag, geladen die drei Räte, Hauptleute, Amtmann, Schösser; am Abend ladet der regierende Bürgermeister seine Collegen und auch andere ein um die Reste (die Nachläufchen) zu verzehren.

3) Stätteessen, an jedem der drei Jarmärkte, wenn das Stättegeld eingebracht wird.

4) In der Woche vor dem Ablaßmarkte und vor Matthäi, wann die Feuerstätten besichtigt werden.

5) Gemeine Essen: a) der Richter giebt vom Gerichtsgelde den Schöffen, b) der Weinmeister dem Rate ein Essen.

c) Die Beamten des Rats.

1) der Stadtschreiber; er hat das sämmtliche Schreibwesen des Rates zu besorgen, aber auch das Kassenwesen, und hat am Jaresschluß die Rechnung aufzustellen, dazu ist er Gerichtschreiber, also ein vielbeschäftigter und wegen seiner Kenntniß des Geschäftsganges

wichtiger Beamter. Erwähnt wird schon 1409 Donatus der alte Stadt=
schreiber, dann erst wieder 1481 Nickel Edelmann, 1505 Caspar Sangner
aus Zwickau, 1530 Samiel Walter, 1535 Valentin Weiße.
Die Besoldung beträgt 1535 insgesammt 13 Sch. 50 Gr. 8 Pf.;
dabei hat er aber als solcher und als Gerichtsschreiber eine ganze Reihe
von Nebeneinkünften. Die Geschäfte wuchsen später so, daß ein Unter=
stadtschreiber erscheint und seit 1601 das Kassenwesen einem besonderen
Kammerschreiber unterstellt wurde. 2) Weinschenk. 3) Hausmann auf
Nicolai mit zwei Wächtern. 4) 2 Ausreuter. 5) 2 Bierschröter (in
der Erntezeit noch ein Kofentschröter) mit ihren Knechten. 6) 1 Markt=
meister. 7) 2 Fronboten. 8) 5 Wächter. 9) 4 Torwächter für das
Fischer=, Leipziger=, Spital= und Beckertor; die Stümpferpforte hatte
keinen besondern Wächter, ihre Beaufsichtigung übernam ein in der
Nähe wonender. Außerdem hat der Rat Knechte im Marstall, Müller,
Ziegelmeister, Förster im Pflückuff und in Weidenhain, Hirten, einen
Scharfrichter, einen Todtengräber.

5. Die Stadt und ihr Besitz.

Die eigentliche Stadt ist in vier Viertel geteilt, a) Fischer=,
b) Leipziger=, c) Spital= und d) Beckerviertel; die Vorstädte sind:
e) vorm Fischertor, f) vorm Leipziger= und Spitaltor, g) die alte
Stadt, h) der Mühlhof, i) altes Kloster.
Die ältesten Nachrichten über die Zal der Häuser geben das
Schoßregister von 1505 und die Ratsrechnung von 1535; ich stelle
neben diese zum Vergleich einige aus späteren Jaren:

	1505.	1535.	1628.	1638.	1702.
a)	79		101	98	83
b)	83	408	197	196	160
c)	80	(1540:425)	136	129	102
d)	99		127	124	109
e)	26	44	93	86	34
f)	52	118	234	233	115
g)	39	39	66	66	25
h)	8	8	56	52	12
i)	6	7	29	24	7
	472.	624.	1039.	1008.	647. (392 Wüstungen.)

Außerdem hatte die Stadt an Pfahlbürgern (die kein Haus
hatten) 1505: 124 und 1534: 229. An Ziehbrunnen standen auf den
Straßen 1535 sieben. Das Aussehen der Stadt kann kein unschönes

gewesen sein, wenigstens im 16. Jarhundert, da sie im 15. Jarh. von mehreren großen Bränden heimgesucht worden war; dafür zeugt auch, daß im Stadtbuch von 1557 eine Bauordnung verzeichnet ist; nach derselben darf nur mit Ziegeln, Schiefer und Kupfer gedeckt, wandelbare Schindeldächer nicht erneut werden; innerhalb der Stadt werden Zäune nicht geduldet, Gärten und Hofräume müssen von Mauern umgeben sein; Ausladungen und Erker dürfen nur mit des Rats Erlaubniß angebracht werden. Massive Bauten unterstützt der Rat noch besonders. Freilich darf in der Stadt Jeder so hoch bauen, als er will (in den Vorstädten nur zwei Stock hoch von Holz, nicht von Stein).

Die Erwerbung des ältesten Besitzes, nämlich der Hufen, Wiesen und Teiche in der Nähe der Stadt läßt sich nicht nachweisen[36]), ebenso wenig der Wiesen über der Elbe, worüber sich die Stadt 1371 mit Nimpschen vergleicht; die späteren nachweisbaren Erwerbungen sind: 1) Naundorf 1390. Das Dorf, 1251 als zinspflichtig an die Kirche in Torgau erwähnt, war später im Besitz der Familie Furer (Feurer), wenigstens belehnt 1386 Markgraf Wilhelm Sophie Furer, Barbara und Agnes, ihre Töchter, nach deren Tode Claus Strele, Jost Furer, Donat Strele mit 5 Mark Zins zu Naundorf und dem Schultheißenamt, dazu mit neun Vierdungen weniger 3 Groschen auf den Hufen zu Lepschow (nicht weiter erwähnt) vor der Stadt Torgau. 1390 belehnt Wilhelm die Stadt mit dem hier als wüst bezeichneten Dorfe, wie es vorher Jost Furer von ihm zu Lehen gehabt hat. Warscheinlich hat es der Rat von den Furer erkauft, ein Kaufbrief ist aber nicht vorhanden.[37])

2) Bürgerbusch 1477, ein Werder, der sich in der Stadt Feld in der Fischerane gelegt, der Stadt von Kurfürst Ernst überwiesen.[38])

3) Pretzschau 1479, (Bretzow) wüste Holzmark bei Weidenhain. Sie hatte vordem Heinrich Schütze gehabt, auf Hans Landespergk vererbt; von diesem ist sie an die Vettern von Schonberg gefallen. Diese, nämlich Caspar Ritter zu Sachsenberg, Heinrich zu Stolberg, Caspar zum Burßenstein, alle Schonberge, haben sie 1479 an den Rat um 250 rheinische Gulden verkauft.[39])

4) Mostiz und Pflückuff 1489. Mostiz erwähnt 1343 und 1386. Ernst und Albert haben vor der Teilung den großen Teich hergerichtet; dazu ist von der Stadt Besitzungen Weide und die Schindel- und Mäusemühle genommen worden, wofür die Stadt noch nicht entschädigt ist. Deshalb giebt 1489 Friedrich d. W. der Stadt für die Weide die wüste Dorfstatt Mostiz und für die Mühlen das Gefilde Pflückuff (Wasser, soweit es zum Teiche nicht gebraucht wird) mit den Gerichten. Die Weide behält die Stadt, soweit man an den Teich treiben kann, muß aber von den Wiesen zu Pflückuff 4 Sch. Zins zalen. Der

Wassergraben zum Teich am obersten Flutbette ist durch der Stadt Güter gelegt, deshalb will der Kurfürst eine Brücke über den Graben unterhalten; hingegen die Brücke über das schwarze Wasser und eine zu ihrer Viehtrift über den Graben, der von Süptitz kommt, muß die Stadt unterhalten.⁴⁰)

5) Beinewitz 1501. Siehe Anm. 15.

6) Mahitzschen 1528. Vorwerk und Dorf (Moczschau) seit 1419 nachweisbar im Besitz derer von Ragewicz. 1511 wird Wilhelm von Degenfeld, gesessen in Ybach (in Franken), Expectanz darauf erteilt; er hat es auch erhalten, verkauft es aber an die Stadt 1528 um 2150 Gulden (à 21 meißn. Gr.) Der Rat hat daselbst einen Weinberg, kauft dazu den danebengelegenen des Heinrich Werner 1544 um 30 Schock.⁴¹)

7) Mehderitzsch 1532. Andreas Brauer, Müller zu M., Lehnsmann von Nimpschen, verkauft 1532 seine Mühle und Güter, nämlich ½ Hufe, Garten und Holz um 46 Sch. an Torgau.⁴²)

In der Stadt besaß der Rat außer den nicht oder nur zum Teil nutzbaren Gebäuden, wie Rathaus, Gefängnisse, Torhäuser, Hirtenhäuser, Stallungen noch mehrere einträgliche Besitzungen. Sie werden zusammen mit den andern Besitzungen in der Rechnung von 1546 aufgezält und veranschlagt, wie folgt

a) in den Landkreis gehörig:
1) Haus am Spitaltor . . . . . . 100 Gulden,
2) Fleischbänke . . . . 600 „
3) Haus am Markte (Gewandhaus? — Kaufhaus?) . . . . 900 „
4) Mietsbuden in der Leipziger Gasse . 1100 „
5) Garküche . . . . 100 „
6) 2 Badstuben . . . . 1200 „
7) Mühle am Leipziger Tor . . . . 600 „
8) 3 Breiten Acker . . . . 290 „
9) Teiche . . . . 1000 „
   5890 Gulden.

b) ins Amt gehörig:
1) Feld Beinewitz . . . . 1500 Gulden,
2) 2 Hufen Land . . . . 200 „
3) Bürgerbusch . . . . 300 „
4) Holz Weidenhain . . . . 1000 „
5) Holz Pflückuff . . . . 1000 „
   4000 Gulden.

Zusammen also 9890 fl. (Das unbewegliche Eigentum der Bürger wird damals auf ungefär 148000 fl. veranschlagt.)

6. Das Budget.

Die Einnahmen der Stadt setzten sich zusammen aus den 1) Einkünften der Besitzungen und der Gerechtsame, 2) Steuern der Bürger, nämlich a) Schoß: Die gesammte Habe jedes Einwoners (ohne Kleider, Harnisch, Bettgewand) war zu einer bestimmten Anzal von Steuermark veranschlagt, 1505 finden sich in der Stadt 1½ bis 27 Mark, vor der Stadt meist 1, sogar ½ Mark; ein Haus mit Braugerechtigkeit („großes Erbe") stand mindestens mit 2 Mark in der Steuer, außerdem wurden von jedem Gebräude zwei Mark verschoßt. Die Stadthufen verschossen 4 Mk., die Naundorfer 2 Mk., wie alle Güter außerhalb der Stadtflur, ebenso schossen die Lehngüter nur die Hälfte. Handwerker verschossen eine Mark. Gezalt werden für jede Mark 7 Gr., und zwar Walpurgis 3 Gr. und Michaelis 4 Gr. (von 1505 an, aus welchem Jare das älteste erhaltene Schoßregister ist.) b) Wächtergeld, jedes Haus 2 Gr. c) Borngeld seit 1525, wo der Rat die Brunnen übernommen hat, nämlich 4 Pf. jeder Bürger; nur 2 Pf. wenn er einen eignen Brunnen hat. 3) Einkünften des Weinschanks. 4) Gefällen, nämlich dem Lehnschatz von verkauften Häusern, dem zehnten Pfennig vom Heergeräte und der Gerade, den Ratsbußen, den Gerichtsbußen, dem Malzgeld, dem Bürgerrechtsgeld. Die Ausgaben sind a) Jarrente des Landesfürsten, b) ewige Zinsen und Leibzinsen, c) Besoldungen und Geschenke, d) sachliche Ausgaben.

Zur Orientierung folgt ein Auszug aus der Rechnung von 1535.

Einnahme.

1) Schoß und Wächtergeld	437	Schock	51	Gr.				
2) Borngeld	3	„	43	„	6	Pf.		
3) Weinschank	97	„	48	„	3	„	1	Heller
4) Zinsen von Häusern, Buden, Bänken, Stättegeld, Schrotgeld, Wagegeld u. s. w.	286	„	9	„	7	„	1	„
5) Gefälle	156	„	39	„	10	„	1	„
6) Bürgerrechtsgeld	34	„	18	„				
7) Grundbesitz								
a) Steine und Kalk	161	„	21	„	3	„		
b) Gut Beinewitz	158	„	57	„	10	„	1	„
c) Mahtschen	81	„	57	„	4	„		
d) Forsten	31	„	54	„	6	„		
8) Erbgeld	16	„						
9) Rückstände	24	„	—	„	4	„		
10) Insgemein	12	„	38	„	4	„		

1818 Schock 5 Gr. 5 Pf. (Summe stimmt nicht!)

Ausgabe.

1) Jarrente des Fürsten 130 Schock
2) Ewige Zinsen . . . 67 „ 45 Gr. 8 Pf.
3) Leibzinsen . . . . 23 „ 6 „
4) Den Verschickten des Rats . . . . . — „ 36 „
5) Besoldungen des Rats 70 „ 59 „ 8 „
6) Malzeiten der Räte . 13 „ 50 „ 7 „ 1 Heller
7) Geschenke des Rats, darunter ein Legel Malvasier u. ein Faß Bier dem Kurfürsten zu Neujar, Wein bem D. Martino (Luther) und den Bürgern zu Hochzeiten; Geld denen, die die Historie von Joseph gespielt haben, (an einer andern Stelle „für das Hussenspiel.") . . . 14 „ 29 „ 8 „
8) Steuer zu den Bauten der Bürger . . . . 7 „ 25 „ 8 „
9) Botenlohn . . . . 3 „ 40 „ 6 „
10) Lohn und Kleidung der Ratsdiener . . . . 130 „ 31 „ 6 „
11) Marstall, Gesinde und Gebäude . . . . 143 „ 25 „ 9 „
12) Zeughaus . . . . 2 „ 37 „ 2 „
13) Ausgaben f. das Eigentum der Stadt, für Dämme, Wasserleitung u. s. w. . . . . ?
14) für die Schützen zum Vogel und Hosentuch . 11 „ 20 „
15) Insgemein . . . . ?

Summa 1444 Schock 15 Gr. 11 Pf., so daß die Stadt in diesem Jare einen Ueberschuß von 373 Schock 50 Gr. 6 Pf. hatte. Ohne Berücksichtigung des veränderten Geldwertes betragen also die Einnahmen ca. 13640 Mk., die Ausgaben ca. 10830 Mk., der Ueberschuß ca. 2800 Mk.

7. Sonstige Verwaltung.

1) **Gesundheitspflege.** Bekanntlich sorgten unsere Vorfahren für ihre Gesundheit mehr, als es zu unsern Zeiten Sitte ist, durch warme Bäder. So besaß auch die Stadt Torgau zwei öffentliche Badehäuser („Badestuben"), das eine in der Erzengasse, das andere in der Stümpfergasse. Der Rat hatte sie auf Zins an Bader ausgetan. Woltätiger Sinn sorgte dafür, daß auch die Armen des Bades nicht entbehrten. In der Badstube in der Erzengasse hatte Hans Dommitzsch 1409 ein Freibad für alle Armen („Seelbad d. h. Bad zum Heil seiner Seele) am Dienstag vor Palmsonntag mit einem Teile seines Hofes gestiftet, ein anderer dieser Familie, Matthias, ein Freibad am Dienstag nach dem 2. Juli, das besonders feierlich war, nämlich die Schüler sangen, „wenn man aufgießt", das salve regina. 1433 gab Hermann Münch sein Erbe in der Erzengasse zu einem Freibade an den vier Quatembern. In der Stümpfergassen-Badstube hatte 1418 Hans Mockirwicz aus Weidenhain ein Freibad gestiftet an den Dienstagen nach dem 2. Februar, 25. April, 15. August und 1. November. Die Bader sind vom Rate streng beaufsichtigt, daß sie nicht Pfuschkuren unternehmen, keine geheimen Krankheiten heilen, nicht unappetitliche Schmieren vornehmen; Wunden dürfen sie, wie die andern Barbiere behandeln, aber nur mit Vorwissen zweier Schöffen, damit die Art der Wunde für eine gerichtliche Untersuchung nicht verdunkelt wird. Die Sitte des öffentlichen Badens kam allmählig ab, wer sich vornehmer fühlte, baute sich in seinem Hause eine Badestube. 1533 beklagen sich die Bader, daß ihr Verdienst immer mehr schwindet, da die Unsitte eingerissen war, daß die Besitzer von Privatbadstuben ein Geschäft aus der Verabreichung von Bädern machten und zum häufigen Besuche durch Freischmäuse und Begünstigung von Unsittlichkeiten anlockten, gegen welchen Mißbrauch der Rat einschritt. Wann die Badstuben eingegangen, läßt sich nicht nachweisen, warscheinlich im dreißigjärigen Kriege.

Ein Stadtarzt findet sich zuerst 1506, Paul Haje, erhält 20 Schock Gehalt, freie Hausung, zwei Klaftern Holz und seine Accidentien; dann ist es Egidius Stöcker eine gute Zeit, dann Blasius Ars mit 30 Schock, freier Wohnung und Holz; außerdem erhält er für das Beschauen des Urins einen Gr., und 7 Gr. Kurgeld die Woche; es ist ihm vorgeschrieben nicht aufs Land zu gehen und bei einer Pest nicht auszureißen. 1535—1543 ist Stadtarzt M. Sebald Nebe; dann hat man andern mehr geben müssen, bis 80 Schock und 4 Klaftern Holz. 1549 erscheint Christoph Leuschner, 1554 Johann Kentmann. Sie hatten zugleich die Aufsicht über die Apotheke.

2) **Armenpflege.** a) Des Rats Spende. Der Rat giebt für

die Armen järlich 44 Scheffel Korn und läßt sie auf seine Kosten zu Brod ausbacken. b) Der Stadt Spende (milde Stiftung); an Zuwendungen werden erwähnt a) „der von Torgau, Herr zu Bichen", hat 1 Malter Korn auf der Mühle zu Großwig gegeben, andere ½ Schock Gr. auf zwei Erben vor dem Fischertore,⁴³) b) Went hat gegeben 1 Malter Korn zu Großwig auf der Mühle (= des von Torgau?), 30 Gr. auf 3 Häusern in der Stadt; Claus Mehtzsch die Renten vom Mühlhofe, nämlich 1 Malter Hopfen und 11 Gr. vom Hopfengarten und 14 Gr. und 4 Hühner von den beiden Höfen; 1 Stein Unslit liegt auf Rammius Stiefsohn (Fleisch-) Bank.⁴⁴) — 1449 hat Paul Pretatzsch, Priester zu Wolkenstein, dem Rate 24 Schock Gr. gegeben, dafür kauft dieser järlich um 1 Sch. 12 Gr. grau Gewand für arme alte und gebrechliche Leute.⁴⁵) Der Armenpflege diente c) das Hospital.⁴⁶)

8. Die Bürgerschaft.

Die Stadt ist ein in sich abgeschlossener Körper, jeder Einzelne soll sich nur als Glied desselben ansehen; die Stadt hat deshalb Rechte an ihre Bürger, die unseren Anschauungen fremd sind. Wer in der Stadt sich dauernd (über 14 Tage) aufhält, muß Bürger werden, ausgenommen die Dienstboten; wer einen Nichtbürger heimlich bei sich aufnimmt, zalt 1 Schock Strafe, sind es aber böse Buben oder böse Weiber, das Doppelte. Wer nicht Grundbesitz erwirbt, muß doch als Pfahlbürger sich unter das Stadtrecht stellen. Nur einzelnen kann der Rat gestatten, sich, ohne Bürger zu werden, in der Stadt aufzuhalten, diese müssen sodann den Markt und andere Ratsörter fegen. Wer in der Stadt geboren ist, erhält, falls seine Eltern das Bürgerrecht nicht aufgegeben haben, das Bürgerrecht, wenn er selbstständig wird, umsonst und hat nur dem Ratschreiber 6 Pf. Einschreibegebühr und den Stadtknechten 1 Gr. Trinkgeld zu zalen: auch wer eine Bürgerstochter oder Wittwe heiratet. In der Erteilung des Bürgerrechts an Fremde ist die Stadt höchst liberal; ein solcher hat nur einen Abschiedsbrief seiner bisherigen Obrigkeit beizubringen oder wenigstens durch zwei oder drei Zeugen seine ehrliche Geburt nachzuweisen; unerläßliche Bedingung ist aber, daß er Besitz hat, entweder Haus, Garten, Hufe, Wiese, oder mindestens Pferd und Wagen, oder daß er ein gut Handwerk kann, oder ein Baarvermögen von 300 Gulden nachweist. Er muß binnen 14 Tagen beim Rat das Bürgerrecht suchen und muß ein (in seinem Betrage wechselndes) Bürgerrechtsgeld zahlen; wer aber das Bürgerrecht bereits gehabt und unter Erteilung eines Abschiedsbriefes aufgegeben hat, kann innerhalb eines Jares wieder um-

sonst Bürger werden. Die neuen Bürger werden vom Bürger=
meister vereidigt, sie müssen schwören, dem Kurfürsten treu und gehor=
sam zu sein, alle Stadtrechte zu halten, die Stadt vor Schaden zu
bewahren, nicht ohne Abschied sich wegzukehren unter einen andern
Schutzherrn, in der Stadt und nur hier Gericht zu nehmen und zu
geben bei 7 Schock Strafe und Verlust des Bürgerrechts. Keiner
darf noch anders wo Bürger sein, wie andrerseits kein Nichtbürger
in der Stadt Besitz haben darf, damit fremde Gerichtsbarkeit fern
gehalten wird. Die Pflichten des Bürgers lassen sich nach folgenden
Gesichtspunkten zusammen fassen: Jeder muß 1) beitragen zu den
Bedürfnissen der Stadt, er muß von seiner Habe Schoß zahlen. Da=
mit die Steuerkraft nicht gemindert wird, darf ohne Wissen des Rats
Niemand ein Haus abbrechen, eine Hypothek auf seinen Besitz auf=
nehmen oder einen Pfandvertrag eingehen, an Fremde verpachten oder
verkaufen. Für die Zalung des Schosses von Seiten des Pfahl=
bürgers haftet der Bürger, der ihm Wonung vermietet. Auch das
natürliche Erbrecht ist durch das Stadtrecht beschränkt, nicht wenn
Kinder vorhanden sind, die an die Stelle des verstorbenen Vaters als
Bürger treten können, wohl aber, wenn nur auswärtige Verwandte
erben; diesen wird ihr Erbrecht in sofern verkürzt, daß, wenn sie nicht
Bürger werden wollen, sie das Erbe an Grundbesitz an Bürger verkaufen müssen und ihnen zwei Bestandteile des Erbes ganz entzogen
werden, nämlich a) das Heergeräte, d. h. Schwert, Harnisch, Armbrust,
oder Feuerbüchse, das beste Pferd gesattelt, des Mannes tägliche Kleider,
das zweitbeste Bett und die Leibwäsche, was alles sonst den Söhnen
(nicht den Töchtern) zufällt, und b) die kleine Gerade, d. h. das
beste Paar Kleider der Frau, das zweitbeste Bett, 2 Kissen und Tücher,
1 Decke, was alles sonst den Töchtern oder Nichten der Frau zufällt.
Heergeräte und kleine Gerade (die große ist schon früh Erbgut geworden)
verbleiben, wenn keine Erben in der Stadt vorhanden sind, dem Rate,
dieser ist aber verpflichtet beides an die Freundschaft um billigen Preis
zu verkaufen. Nur an Bürger solcher Städte, mit denen ein Vertrag
auf gegenseitige Verabfolgung des Erbgutes mit Einschluß des Heer=
gerätes und der Gerade besteht, (solche Verträge sind im 15. Jarhundert abgeschlossen mit Herzberg, Eilenburg, Mügeln, Schmiedeberg,
Kemberg, Liebenwerda und Barby) wird alles verabfolgt, jedoch wird
eine Ausgangsabgabe im Betrag von 10 pCt. erhoben. Güter ohne
Erben fallen der Stadt zu. Es hat 2) jeder Bürger beizutragen zur Verteidigung der Stadt im Kriege (jeder Bürger muß nach seinem Ver=
mögen ganzen oder halben Harnisch, Schwert, Spieß, Armbrust oder
Feuerrohr besitzen, die ärmeren, auch die Vorstädter, mehrere in Gemein=
schaft einen Harnisch) und in Feuersnot. Die Brandordnung von
1444 bestimmt: Bei einem Feuer sollen alle Bürger eilend kommen

mit Äxten, Schaufeln, Eimern, löschen, brechen und abschlagen nach Weisung des Bürgermeisters, der Ratsherren und der Hauptleute. Wer nicht kommt, zalt 1 Schock Gr. Strafe und stellt seinem Viertel ¹/₈ Bier, hingegen wer das erste Faß Wasser bringt, erhält ¹/₄ Mark Groschen, wer das zweite ¹/₈ Mark, das dritte ¹/₁₆ Mark (ein Lot), das vierte ¹/₂ Lot, für die übrigen Fässer wird je 1 Gr. gezalt. (1514 normirt auf 20 Gr. — 15 Gr. — 10 Gr. — 5 Gr. — 1 Gr.) Bei großem Feuer sollen die in dem Viertel, in dem es brennt, auf ihre Häuser achten, die nächsten zwei Viertel zu dem Feuer laufen, die aus dem letzten mit ihren Wehren auf dem Markte stehen.

Wer das Feuer zu verheimlichen sucht, zalt 1 Schock Strafe, bei großem Schaden verliert er das Bürgerrecht. Jedes Brauerbe muß lederne Eimer halten, die Hüfner immer ein Legel Wasser vor dem Hause stehen haben (sie erhalten dafür järlich 10 Gr., seit 1551 aber 15 und seit 1558 20 Gr.).

Essen dürfen nur mit besonderer Erlaubniß des Rats angelegt werden, sie müssen viermal im Jare gefegt werden und werden zwei= mal järlich besichtigt; in „sorglichen" Essen darf nicht gefeuert werden; wer nicht bessert, zalt 1 Schock Strafe. Hopfen, Flachs, Hanf darf nicht an feuergefährlichen Orten aufbewahrt werden, niemand darf über ein bestimmtes Maß Holz im Hause haben und nicht auf dem Boden, in der Stadt darf weder Seife gesotten, noch Brantwein ge= brannt werden. (Im 15. Jarhundert scheint die Stadt oft von Feuersbrünsten heimgesucht worden zu sein, besonders hervorgehoben wird der große Nabenbrand von 1441, wo das Feuer bei einem Stellmacher beim Nabenbrennen auskam und fast die ganze Stadt zerstört haben soll und Hüfners Brand 1482 im Jarmarkte; dabei kam das Feuer in Hüfners Hause in der Leipziger Straße, der Nicolai= kirche gegenüber aus und brannte die Leipziger=, Fischer=, Enten=, Erzen=, Neue und Kuh=Gasse, sowie die halbe Spitalgasse ab, 106 Häuser, ein Dritteil der Innerstadt.)

Jeder Bürger muß 3) zur Aufrechterhaltung der Gerichte bei= tragen: er muß nicht nur bei den 3 Vorgedingen erscheinen und sonst jeder Ladung des Rats und des Richters folgen bei 5 Schock Strafe und Verlust des Bürgerrechts, sondern auch den Richter und die Gerichtsknechte bei Verfolgung eines Diebes oder Mörders unterstützen; wer sich dessen weigert, muß in einem halben Jare seinen Besitz ver= kaufen und wegziehen.

Bindet so die Stadt den Bürger in mancherlei Weise, so gewährt sie ihm andrerseits auch ihren Schutz und materielle Vorteile. Kein Bürger darf gefänglich eingezogen und auf die Türme gesetzt werden, (außer in peinlichen Sachen,) sondern er wird ungeschlossen auf das Tanzhaus oder die Weinstube „in Gehorsam" getrieben; in auswärtigen

Geschäften unterstützt der Rat die Bürger nicht nur durch seinen Einfluß, sondern auch durch eine Fuhre mit 2 Pferden bis 6 Meilen Wegs. Wer aus Stein baut, wo vorher Holz gewesen, erhält für jedes Stock eine Beisteuer von einem Schock, auch tut der Rat eine Fuhre zum Bau, bei stattlichen Bauten auch zwei, (wofür dann wieder jeder Bürger, der Pferde hält, bei des Rats Bauten eine Fuhre tut,) zu Hochzeiten und Kindtaufen schenkt der Rat Bier und Wein. Der Stadt Güter werden nur an Bürger verpachtet; ihre Söhne zalen kein Quartalgeld in der Schule, nur 3 Gr. Holzgeld. Wer verarmt, wird ins Spital aufgenommen und ihm der Schoß erlassen, seine Kinder aber behalten trotzdessen das Bürgerrecht.[47])

9. Bürgerliche Beschäftigung.

Daß die ältesten Bewoner der Stadt, die Burgmannen, Ackerbau trieben, daß aber bald Handwerker und Kaufleute sich einstellten, ist schon früher nachgewiesen. Nach der Gewonheit des Mittelalters traten die Handwerker, wie ja auch die Altbürger anfangs eine geschlossene Gemeinschaft bildeten, zu Genossenschaften zusammen, die ein eigentümliches Gewonheitsrecht ausbildeten. Förmliche Statuten erhielten diese „Innungen" oder „Zünfte" unter Autorisation des Rats, als Inhaber der Gerichte, nur mit dessen Genehmigung dürfen neue Satzungen in ihre Bücher eingetragen werden, ihm müssen sie Rechnung legen; die älteste uns erhaltene Aufzeichnung stammt aus dem Anfange des 15. Jarhunderts, sie war dem (alten) Stadtbuche einverleibt; ihr Inhalt weicht von den Statuten der Innungen anderer Städte nicht ab, weshalb er hier nur im Umrisse gegeben wird. Wer Meister eines Handwerks werden will, muß Bürger sein, also ehrliche Geburt und ehrlichen Wandel nachweisen, er muß das Handwerk bei einem Meister gelernt haben und bei seiner Aufnahme eine bestimmte Abgabe an die Innung zalen, nur ein Meisterssohn aus der Stadt erhält das Handwerk umsonst; eine Meisterswittwe kann das Handwerk forttreiben, verheiratet sie sich wieder, so kauft der neue Ehemann das halbe Werk. Jede Innung regelt ihre Angelegenheiten unter Leitung eines vom Rate bestimmten Meisters selbst in regelmäßigen Versammlungen („Morgensprachen"), bei denen jedes Mitglied des Gewerks erscheinen muß; Gehorsam gegen den Handwerksmeister und gesittetes Benehmen sind vorgeschrieben; wer ungehorsam ist, Zank erregt, vor Ende der Morgensprache wegläuft, zalt eine Buße, ebenso der, welcher sich gegen die Innungsartikel vergeht. Die Bußen verfallen der Lade; aus ihr werden gemeinsame Ausgaben bestritten, namentlich das zu gewissen Zeiten getrunkene Bier bezalt, auch in Not geratene Meister unterstützt.

Der Rat hat ihnen vergönnt, daß sie über Injurien, ja sogar über leichtere Verwundungen der Handwerksgenossen selbst aburteilen, schwerere Fälle verbleiben dem Richter. Die ältesten Innungsartikel sind die der Schneider, Schuhmacher (1417) und Schuster, Leinweber (1418), Schmiede (1422), Fleischhauer, Kürschner, Kramer und Bäcker. (Die Satzungen der Fischer sind älter, ohne Zutun des Rats entstanden, deshalb auch nicht in das Stadtbuch aufgenommen, weil die Fischer ursprünglich eine besondere Gemeine bildeten.) Diese Innungen sind zugleich religiöse Gesellschaften: die meisten der Bußen verfallen der Kerze, die sie in der Kirche hatten, besonders gewälte Altarleute mußten an den großen Festen, namentlich am Fronleichnamsfeste, die Kerzen tragen und durften sich dieser Verpflichtung bei bedeutender Strafe nicht entziehen; auch bei dem Begräbniß der Angehörigen eines Meisters mußten alle Meister der Innung erscheinen.

Eine besondere Erwähnung verdient noch ein Nahrungszweig der Bürger, das Brauen.

Das Brauen ist an das Bürgerrecht gebunden, aber nicht jeder Bürger darf brauen, sondern nur der, welcher ein Haus mit Braugerechtigkeit besitzt; diese Häuser heißen Brauerben (große Erben), die anderen kleine Erben. Die Braugerechtigkeit begriff entweder ein Bier (b. h. ein Gebräude von 32 Scheffel Gerste) in sich oder mehrere und haftete an dem Hause; sie konnte weder abgesondert vom Hause verkauft, noch vorbehalten, noch vermietet werden; (jedoch durften letzteres die Vormünder für ihre Mündel) wer mehr Biere hat, als er brauen kann, kann die überschießenden nur an den Rat abtreten, dieser aber sie an andere Bürger geben, auch kann der Rat neue Gerechtigkeiten verleihen. (Er nimmt 1538 für ein Bier 90 Schock, = 675 Mk., das Bier repräsentirt also zu 5 % eine Rente von 30—35 Mk., wovon noch 14 Gr. Schoß abgehen.) Mehrere Brauerben dürfen nur ein Jar lang in einer Hand vereinigt sein, nach Ablauf dieser Zeit muß der Besitzer ein Haus verkaufen, wenn er es nicht tut, ruht die Braugerechtigkeit eines Hauses, jedoch müssen auch die nicht benutzten Biere verschoßt werden. (1540 waren in der Stadt 280 Brauerben, später sind noch mehr hinzugekommen, ca. 1600 wurden nach Böhme 1400 Biere gebraut, also 44800 Scheffel Gerste verbraut, welche Angabe ganz glaubwürdig ist, da nach den Schoßregistern die meisten Häuser mehr als ein Bier besaßen. Da das Bier zu 8 Faß à 5 Eimer ausgebraut wurde, ergeben sich 56000 Eimer.) Jeder Bürger, der brauen wollte, wurde vom Stadtrichter vereidigt und mußte schwören nur 32 Scheffel zu einem Biere zu nehmen und nur 8 Faß auszubringen. Natürlich lag die Versuchung nahe, diese Sätze zu überschreiten; deshalb durfte kein Malz anderswo, als in der Stadtmühle am Leipziger Tore gemalen werden, deren Müller verpflichtet war, die

„großen Malz" dem Rate anzusagen; deshalb durften auch die Bürger nicht selbst brauen, sondern mußten das durch die vom Rate gesetzten Brauer tun lassen, die vereidigt waren; deshalb war auch der Lohn der Brauer (1513 = 2 Gr. und ein Trinken von 10 Kannen von einem Bier) und ihrer Knechte (16 Pf. und Kost, dazu ein Trinken) vorgeschrieben und jedes Trinkgeld untersagt. Der Braumeister darf nur gegen eine abzuliefernde Marke brauen und muß darauf sehen, daß nicht mehr Malz, als erlaubt, genommen wird. (Der Rat hatte 1508 erprobt, daß 32 Scheffel Gerste 27—29 Scheffel Malz ergaben.)

Das von ihm gebraute Bier, nicht aber erkauftes, durfte der Bürger selbst verzapfen, nur soll er seine Gäste nicht durch Essen anlocken, weshalb nur Brot und Käse verstattet ist, höchstens ein Gericht Fleisch oder Fische. Natürlich wurde nicht alles in der Stadt getrunken, eine Menge wurde weithin, bis nach Halle, Leipzig u. s. w. exportirt, denn das Torgauer Bier war berühmt; man schrieb seine Güte der Vortrefflichkeit der Torgauer Gerste und des schwarzen Wassers, woraus man braute, zu. Der Verkehr der Bierwagen muß in der Stadt sehr lebhaft gewesen sein, hielt doch der Rat besondere Schröter, die die Fässer aus den Kellern aufwanden und auf die Wagen luden, wegen der Gefärlichkeit der Sache durfte das kein Bürger selbst tun. (Den Schrötern durfte ebenfalls kein Trinkgeld gegeben, den fremden Wagenfürern kein Kostbier zugetragen werden.)

Den Absatz des Bieres in der Umgegend suchte der Rat auf jede Weise zu sichern, wobei er von den Landesfürsten, denen an der Hebung der Stadt, in der sie oft ihren Aufenthalt namen, viel gelegen sein mußte, durch Privilegien unterstützt wurde. Ganz ist er mit seinem Verlangen, daß auf den Dörfern der Pflege Torgau kein Bier gebraut werden sollte, nicht durchgedrungen, die Ritterschaft und die Klöster Nimpschen und Sitzenrode behaupteten für ihre Dörfer das Braurecht, auf den andern aber wurde das Brauen verhindert.[48])

Auch die Städte Schilda, Dommitzsch und Belgern suchte Torgau im Bierbrauen zu beschränken und wurde in diesem Streben insoweit unterstützt, als Kurfürst Friedrich 1423 dem Rate ein Privilegium erteilte, daß jene drei Städte mit Torgau zu brauen anheben und aufhören sollten. Belgern hielt sich nicht daran, weshalb der Rat es 1466 mahnte. Die Belgernschen aber, gestützt auf ihren Lehnsherrn, den Abt von Buch, antworteten kurz angebunden, über ihr Brauen hätten sie allein zu befinden. Torgau klagte bei den Landesherren und Ernst und Albrecht entschieden den Streit mit einer Concession an Belgern dahin, daß Belgern, ehe Torgau mit Brauen beginnt, schon 3 Gebräude und, nachdem dieses aufgehört, noch 2 Gebräude brauen soll.

Weit weniger wichtig, als das Bier, ist der Wein. Unbeschränkt durfte nur der Wein vertrieben werden, der im Weichbilde der Stadt und des Rats Gerichte gewonnen wurde, den Preis bestimmte der Rat nach der Güte; auch der in Süptitz gewachsene durfte in der Stadt verkauft werden, doch mußte vom Eimer 1 Gr. Zapfengeld gezalt werden. Fremde Weine waren dem Ratsweinkeller vorbehalten, durften nirgend in der Stadt, auch nicht in den Freihäusern (d. h. benen, die nicht unter der Stadt Gerichte standen) und in der Apotheke verkauft werden. Branntwein darf im Kleinhandel und in den Schenken, auf dem Markte und in den Straßen nicht verkauft werden, nur von den Brennern geholt werden; seit 1506 ist aber in den Jarmärkten der Branntweinausschank erlaubt.

10. Verhältniß zum Landesfürsten.

In Torgau hat die fürstliche Gewalt, seitdem die Stadt eigene Verwaltung und eigenes Gericht besaß, wenig Gelegenheit sich zu betätigen: der Rat wurde vom Fürsten järlich bestätigt und nam das Gericht und die Besitzungen von ihm zu Lehen, aber diese Lehnerteilung konnte doch höchstens das Bewußtsein der Zugehörigkeit zu dem Staate lebendig erhalten, an und für sich wurde sie im Laufe der Zeit zu einer leeren Form. Nur bei außerordentlichen Gelegenheiten, wie bei Bestätigung eines Gewonheitsrechts, Erteilung eines neuen Privilegiums, namentlich bei Streitigkeiten der Bürger untereinander oder mit andern machte sie sich als Quelle alles Rechts geltend, ebenso betätigte sie sich in der Aufbietung der Wehrkraft der Stadt zur Verteidigung des Landes. In gewönlichen Zeiten war wenig von ihr zu merken, auch da, wo heute der Staat sich jedem Bürger fühlbar macht, nämlich auf dem Boden der Besteuerung.[49]) Der mittelalterliche Staat beruhte ja ursprünglich auf andern materiellen Grundlagen, als der moderne: er deckte seine Bedürfnisse aus den Erträgen des Staatseigentums, den Gerichtsgefällen und den Verkehrsabgaben. Die beiden letzteren waren in Torgau der Hand des Fürsten entwunden, in Betreff der Gerichtsgefälle ist das schon früher gezeigt; von den Verkehrsabgaben verkaufte Friedrich 1456 den Schlegeschatz (Abgabe von Waaren, die in die Stadt gebracht werden) im Betrage von 5 Schock um 50 Schock an die Stadt. Der Salz- und Weinzoll ist an Bürger verkauft, von diesen hat ihn der Rat 1433 um 20 Schock an sich gebracht.[50]) Wenn der Staat außerordentliche Bedürfnisse hatte, wandte sich der Fürst an die Stände und, weil man da am meisten Geld fand, vorzugsweise an die Städte um eine Unterstützung, Steuer oder Bede (= Bitte) genannt. Diese Beden kehrten allmählich regelmäßig wieder und die Verpflichteten strebten dahin, sie zu fixiren.

Auch bei der Bede machte sich die fürstliche Gewalt für den Einzelnen nicht bemerkbar. Die Bede wurde nämlich nicht durch Organe des Fürsten von den einzelnen Unterthanen erhoben, hatte nicht die Form unserer Einkommensteuer, sondern wurde von den Verpflichteten, in unserem Falle von der Stadt, in ihrer Gesammtheit an den Fürsten abgefürt, ihre Einziehung blieb aber der Verwaltung der Stadt überlassen. So kam es, daß die Stadt den Betrag gar nicht einzeln von den Bürgern erhob, sondern aus der Stadtkasse als stehende Ausgabe bestritt. In Torgau betrug die fixirte Bede, hier Jarrente des Fürsten genannt, järlich 130 Schock Groschen (= 975 Mk.). Diese Summe geht in späteren Zeiten nicht mehr unverkürzt an die Fürsten, sie haben darauf Anweisungen gegeben: 3 Schock erhält der Caplan auf dem Schlosse, 8 gehen nach Meißen an die Vicarien, 21 nach Leipzig an die Universität, 4 in den gemeinen Kasten der Stadt Torgau. Als Beispiel für eine außerordentliche Steuer findet sich nur die Leistung für den Schmalkaldischen Krieg: die Stadt gab damals für das Zeughaus, die Rüstung und an Sold den Bürgern und Knechten, die als Landwehr in Wittenberg standen, 736 Schock 34 Gr. 6 Pf. aus, für die Kriegsleistung von wegen Mahtzschen und Döbelitz 22 Schock 4 Gr. 2 Pf., an Vermögenssteuer 25 Schock 49 Gr. 7 Pf. 1 Heller auf die zu 9890 fl. veranschlagten Güter und mußte dem Kurfürsten eine Anleihe von ca. 1940 Schock gewären; dazu kamen die Kosten für die verstärkte Befestigung mit 40 Schock 56 Gr. 9 Pf. 1 H. Das erste Jar des Krieges kostete also die Stadt ca. 2770 Schock (= ca. 21000 Mk.); was sie an Moritz gezalt, ist nicht ersichtlich, da die Stadtrechnung von 1546 nur unvollständig erhalten, die von 1547 ganz verloren ist.

Anmerkungen.

¹) Giesebrecht, Wendische Geschichten 1,81 ff.
²) Waitz, Deutsche Verfassungsgeschichte 8,196.
³) Schenkungen an das Moritzkloster in Magdeburg von 961 bei Mülverstedt, regesta archiep. Magd. n. 157 u. 158, von 965 n. 171 u. 180.
⁴) Mülv. n. 272. Die erste Erwähnung würde ins Jar 965 fallen, wenn die Urkunde von diesem Jare, in welcher Otto I. den Honigzehnten in Nisizi in der Grafschaft Udo's dem Johannistloster in Magdeburg (später Kloster Bergen) schenkt, ächt wäre; dieselbe nennt außer Torgau in der Nähe noch Süptitz (Sipnizi), Elsnig (Olsnich), Dommitzsch (Dumoz) und Zwethau (Zuetua); sie ist aber unächt und gefälscht als Grundlage der Erneuerung Heinrichs II. von 1004. (M. n. 170 und 491.) Das Johannistloster ist übrigens mit seinen angeblichen Ansprüchen nicht durchgedrungen.
⁵) Elsnig und Dommitzsch nach einer Urkunde Otto's III. 992, welche Stumpf acta imp. ined. p. 33 nach dem Originale in Dresden herausgegeben: Otto schenkt einem Getreuen (Ruodolf) 20 Königshufen (nicht ein besonderes Maaß, sondern Hufen vom königlichen Lande) in den Burgwarbien Olsnig (was natürlich nicht, wie Stumpf meint, Oelsnitz, sondern Elsnig ist) und Thumuuz; von den dort genannten Dörfern: 1) Crizesdorf, 2) Ostrobicesdorf, 3) Chotimesdorf, 4) Selanesdorf, 5) Szeutha, 6) Durnowa, 7) Wirbilendorf, 8) Curcesdorf, 9) Cluidirici — ist 1) Greudnitz, 2) Roitzsch (oder Priesitz?) 4) Söllichau? Sachau? 6) vielleicht Durchwehna, 7) Werblitz, die andern vermag ich nicht nachzuweisen. Roeder, „historische Nachrichten von Dommitzsch" ist vollständig wertlos.
⁶) In den Urkunden erscheinen: hart nördlich von Torgau Beynewitz (ein Ot de Beynewitz 1307), Welsau (wo die Pack Lehen hatten 1354, 1371, 1382), Neiden (1380 verkauft Nykel von Czanewitz, Ritter, gesessen zu Torgau, dieses Dorf an Nimpschen), Klitzschen (hier saß 1437 ein Heinrich von Heynicz), Melpitz (ein Christof Toyse), Wesenig (1437 Michel von Rochliz), Zschackau (1267 Rudeger de Scachowe (miles), erscheint auch als Zeuge 1278—1286 in Urkunden cod. Sax. reg. II, 1, n. 246. 256. 257. 263. und bei Wegele p. 399), Triestewitz (1307 Voltz de Tr., der auch Renten auf Hufen bei Torgau hat); ein Otto de Zuet erscheint cod. Sax. reg. II, 1 n. 258 (1284) und 1293 bei Wegele p. 414, ebenda ein Albertus de Cynnen miles, ein miles de Kothewiz 1373, ein Hans Batter, Ritter, der Güter unterhalb Knesen gegen Torgau hat 1377—89. Doch gehört auch außerhalb jener Linie Starin und Wolfsheim (bei Polbitz) zu den

Burglehen. Diese Burglehen durften dem Burgwart nicht entfremdet werden, weshalb Albert dapifer de Burnis, als er 1267 Starin und Wolfsheim an Minipschen verkauft, 5 Hufen in Chotewiz zu Burglehen nimmt (Ermel in Hasche Magazin der Sächf. Gesch. VI, 199). Später ist dieser Verband geschwunden.

[7]) z. B. bei Horn, Henricus ill. p. 318. Die Herren (Voigte) von Torgau erscheinen in Urkunden erst seit 1204.

[8]) v. Heinemann, Albrecht der Bär. Anm. 12.

[9]) Chron. Montis Sereni ed. Eckstein p. 5 (wo nur irrtümlich der Tod Heinrichs ins Jahr 1127 gesetzt wird).

[10]) Darüber Winter im Archiv für Sächf. Gesch. Neue Folge, 2. Bd. p. 143; er macht eine Grenze des Bistums Meißen warscheinlich, die von Püchau bei Eilenburg die Mulde abwärts und von Altjeßnitz zur Elbe bei Wartenberg lief, so daß damals der größere Teil von Nisici an Meißen kam.

[11]) Warscheinlich ist an sie der Rest des königlichen Landes gekommen, an Schenkungen aus demselben findet sich außer der Anm. 5 erwähnten nur noch eine ebenfalls von Otto III. bei Heinemann Albrecht d. B. p. 425. Der Einfluß der Könige ist in den östlichen Gegenden des Reichs am frühesten geschwunden.

[12]) Bodsesse (Bodsiz 1251) ist nicht Puschwitz, wie Schöttgen riet, wie die 1251 dabei erwähnte Färe und Weidengebüsch zeigt; seinen Namen tragend von einem Bodo, vielleicht einem der Herren von Torgau, da in dieser Familie der Name Bodo häufig ist, lag es, vielleicht nur ein Färhaus, am östlichen Elbarm in der Nähe von Kreischau und Zwethau, warscheinlich gar keine selbstständige Siedelung, sondern zu Zwethau gehörend, da 1241 das Kloster Dobrilug für seinen Verkehr mit Grabitz eine Getreideabgabe an die Färleute in Zwethau zalt. Es muß früh verschwunden sein; es erinnert daran nur noch der Name eines Ackers, der zu Niefes Zeiten noch „die Budstätten", heute ganz mißverstanden „Blutstätten" lautet.

[13]) Original in Gotha, abgedruckt bei Hahn collect. monum., bei Schöttgen, Leben Conrads d. Gr. und öfter. Die Urkunde ist ganz unverdächtig; daß sich Conrad Markgraf von Meißen nennt, hätte keinen Zweifel erregen sollen, da Conrad diesen Titel sich seit 1117 anmaßt. Daß sie der Compilator der Reinhardsbrunner Annalen ins Jar 1149 setzt, beruht auf einem Lesefehler, denn die Urkunde hat nach Mitteilung der Archivverwaltung deutlich 1119, ferner wird die Gemalin Conrads, Luochardis, welche 1146 gestorben ist, als lebend eingeführt und der Compilator widerspricht selbst seiner Zal, da er den Abt Ernst († 1139) und Erzbischof Adalbert von Mainz († 1137) Bestimmungen über die Schenkung treffen läßt. Uebrigens hat er die Urkunde zum guten Teil wörtlich aufgenommen, so daß Wegele, der Herausgeber der Annalen, die Handschrift nach der Urkunde hätte corrigiren können.

[14]) Original in Dresden.

[15]) Abgedruckt bei Hasche VI, 73; eine genaue Abschrift der auf Torgau

sich beziehenden Stelle verdanke ich der Güte des Herrn Dr. O. Posse in Dresden. — Der Bezirk der Kirche reicht, namentlich nach Süden, über den alten Burgbezirk hinaus, die Ortschaften sind nach bestimmten Gruppen zusammengefaßt. Zuerst stehen die filiae von Torgau, nämlich 1) linkes Ufer: Loskewiz (Loßwig), der See bei Loßwig, jetzt nur noch in einem Reste vorhanden, wird schon 1243 als Besitz des Klosters aufgefürt, doch war er Lehen der Herren von Torgau, wie sich aus einer Urkunde von 1306 ergiebt, (Hasche VI, 509) nach welcher Theodericus, miles de Thurgow sein Recht an Nimpschen verkauft. Diesen See trat Nimpschen 1456 an das Schloß Torgau ab, wofür den Dörfern Mehderitzsch und Polbitz die Fronden, die sie bisher an das Schloß haben leisten müssen, erlassen werden und der Hof, den Nimpschen in der Spitalgasse hat, vom Stadtrechte gefreit wird. (Hasche VII, 642.) — Klitsene (Klitzschen) — Melpuz (Melpitz) — Grevendorph (Gräfendorf) — Cinna (Zinna, hier hatten auch die Markgrafen Rechte, wie Markgraf Wilhelm 1392 und 94 (St. M. 9 und 10) Einkünfte von Hufen der Kirche zu Torgau schenkt) — Welsowe (Welsau) — Suptiz (Süptitz) — Stariz (Staritz) — Lusene (Lausa); 2) rechtes Ufer: Zvete (Zwethau) — Rosenveld (Rosenfeld) — Doberchowe (Döbrichau) — Arnsberk (Arzberg) — Lesne (vielleicht Löhsten, es kann aber auch in der großen Lücke zwischen Nichtewitz und Rehfeld untergegangen sein) — Scachowe (Zschackau, hier haben Besitzungen a) die Wettiner; an Dobrilug verkauft Heinrich d. Erl. 1271 die Güter, die Burglehen waren, um 60 Mark, Conrad von Brena 1267 das Vorwerk Z. um 85 Mk. nebst einem Werder und einigen Kossaten, derselbe 1285 acht Hufen und zwei Kossatenhöfe um 50 Mk.; b) ein Ortulf de Dewin, verzichtet 1268 auf seine Rechte auf Z. für Dobrilug; c) ein miles Berker in Dommitzsch, verkauft 1272 seine Burglehen in Z. an Dobrilug.) Dann folgen die zinspflichtigen Dörfer, nämlich einzeln Polluwiz (und der See bei Loßwig), Wezenic, Zschackau, Klitzschen, Bogenowiz (Beinewitz, ein Gut; die Gebäude lagen hart vor Torgau, da, wo später der Marstall erbaut ist, die Felder sind das spätere Bäckerfeld; es war im Besitz eines Ministerialen, als solcher wird 1305 Ot de Beynewiz erwähnt. 1501 hat der Rat von Torgau von Balthasar von Schonfels das Gut Beynewitz samt den Gärten vorm Bäckertor, Aeckern, Wiesen, Gehölzen, Fischereien, Zinsen, Haus und Hof um 1348 rhein. fl. gekauft, 1504 nimmt er 100 Schock 21 Gr. auf, um sie in das Gut zu wenden.) — Meseriz (Mehderitzsch) mit der Mühle. — Weznic, Bekewiz (Beckwitz) — Botsiz mit Färe und Gebüsch; der See bei Kneesen. In bestimmten Reihen a) linkes Ufer: Zinna, Niendorph (Naundorf, darüber unter dem Besitz der Stadt) — Benke (schon um 1500 als Dorf verschwunden, die Hälfte der Flur war im Besitz von Beckwitz, die andere ein Vorwerk der Feurer; jetzt erinnert noch der Benkenteich daran) — Stupewiz (Staupitz, 1274 von Heinrich dem Erl. an Sitzenroda gegeben) — Niendorph (Naundorf wüst bei Schilda, ist 1289 an Sitzenroda gekommen, jetzt erinnert noch der Naundorfer Teich daran) — Meseriz — Jserkote (Eiserkutt, wüst bei Staupitz, schon 1414 wüste Mark genannt, welche Sitzenroda von Hans und Heinrich

Vatter kauft; jedoch waren 1531 daselbst wieder einige Häuser; in der Nähe lag noch ein Vierkutten) — Bonewiz (Bennewitz) — Kalewiz (Holzmarkt Kolbitz bei Staupitz) — Borc (später Boragk, schon 1479 als wüst erwähnt, bei Mehderitzsch) — Welkanewiz (Welkwitz wüst bei Taura) — Cranekowe (Krannichau) — Lusene (Lausa) — Borkartiz (nicht nachzuweisen, wenn es nicht Bockwitz ist, auf jeden Fall südlich von Lausa, wie das folgende) — Kobertiz (Cavertitz, schon 1267 von Torgau exinnrt und zalt nur der Pfarrer drei Malter Weizen nach Torgau, Urkunde bei Kreysig, Beiträge 6,85. Der Bischof von Naumburg ist Dietrich II. (Lepsius p. 81) 1244—1272 und somit die Urkunde, weil im 23. Jar des Bischofs ausgestellt, von 1267) — Stariz — Schirmsis (Schirmenitz) — Rochewiz (nicht zu bestimmen, denn Rochwitz, wüst bei Strelln, liegt zu weit ab; es könnte auch die folgende Reihe begonnen und bei Rosenfeld gelegen haben.) b) rechtes Ufer: Rosenwelt — Cekeriz (Zeckritz), — Zschackau, — Crenewiz (muß Weßnig gegenüber gelegen haben, denn 1267 verträgt sich Dobrilug, als es das Dorf in ein Vorwerk umwandelte, mit dem Pfarrer von Weßnig, zu dem es kirchlich gehörte, dahin, daß es dem Pfarrer einen Vierdung, der Kirche ein Pfund Wachs und dem Küster einen Scheffel Weizen järlich entrichtet; vielleicht ist auf der Stelle später Pülswerda (ursprünglich Paulswerda) entstanden. — Grautiz (Grabitz, gehörte kirchlich zu Zschackau, ist allmählich in den Besitz von Dobrilug übergegangen: 1240 verkaufte Heinrich und Ulrich de Pack acht Hufen um 140 Mark, woraus Dobrilug schon 1250 die Bauern entfernt hat, 1255 die Herren von Torgau Bodo, Friedrich, Dietrich, Heimich und Witigo den Wert bei Grabitz um 235 Mk., 1286 Friedrich von Weßnig die Viehweide (19 Morgen) um 28 Mk. 1373 besitzt Dobrilug auch den Kunzenwerder und Wisitz, ebenso hat es Knose (Kneesen, wüst zwischen Loßwig und Torgau) erworben: 1267 kauft es das Dorf von Conrad von Brena um 40 Mark und von Heinrich de Cnussyn seine 8 Hufen, 2½ See, den Wald Gruntzsch, die Schenke und Wiesen mit den Gerichten um 122 Mk. Daraus scheint D. auch ein Vorwerk gemacht zu haben und so das Dorf verschwunden zu sein. 1290 werden Dobrilug eine Wiese und 2 Hufen zu Kneesen, auf welche Siegfried und Lorenz von Cosmatitz Ansprüche erhoben, zugesprochen.) — Rodewiz (nicht nachzuweisen) — Kukeliz (Kaucklitz) — Rossin (Rössen) — Doberchowe (Döbrichau) — Bekewiz (Bockwitz, wüst bei Döbrichau) — Cosmatiz (scheint Kamitz zu sein, 1373 im Besitz von Dobrilug) — Pruz (Prausitz) — Pietele (Piestel) — Tristewiz (Triestewitz) — Crisov (Kreischau) — Ulnewe (Eulenau) — Petiz und Zvetmariz (müssen zwischen Richtewitz und Rehfeld verschwunden sein) — Nichtewiz (Richtewitz) — Wisiz (wüst bei Kaucklitz) — Kolsowe (Cölsa).

Als Besitzungen von Nimpfchen in Torgau erscheinen: ein Hof in der Spitalgasse, ein freier Hof in der Burggasse bei der Kirche noch 1524, die Burgmühle, wofür Torgau, welches sie an die Tuchmacher gegen 1 Sch. 45 Gr. Zins ausgetan hat, 1585 einen Zins von 7 Gr. zalt, (ihre Lage vermag ich nicht nachzuweisen), der Raum des alten Klosters als zinspflichtig; in der Nähe Wiesen und Äcker jenseit der Elbe, Gärten bei der Stadt, die Schützenwiese in der Fischeraue, wofür 1504 dreißig Gr. Zins gezalt werden, eine Breite (wo?), erst 1306 von Dietrich von Torgau erworben; 1427 pachten diese drei Bürger, zalen dafür einmal 11 Schock und järlich 1 Malter Weizen und 1 M. Gerste und übernehmen die Einsammlung des Zinskorns auf den Dörfern; Güter bei Kneesen und eine Hufe in Repitz.

^{15a}) Wegele, Friedrich der Freibige p. 232.

¹⁶) Die betreffende Urkunde, welche Krubthoff in seinem auf der hiesigen Gymnasialbibliothek aufbewahrten Stromateus p. 50 abgeschrieben, ist verloren, aber gleichlautend (nur hat Kr. ein Stück ausgelassen) mit dem Vertrage mit Zwickau bei Wilcke, vita Ticemanni cod. man. 64.

¹⁷) Mauern werden erst 1333 genannt, nur zufällig, denn schon 1288 heißt Torgau Stadt, hatte also Mauern: 1119 wird es nur als locus bezeichnet, aber mit Marktplatz. 1243 und 1251 steht der Name ohne nähere Bezeichnung.

¹⁸) Niese's Auszug aus dem alten Stadtbuche und R. A. 3.

¹⁹) Urkunde im Ratsarchiv Nr. 1, abgedruckt bei Wilcke v. Tic., cod. dipl. n. 144 aber ungenau, weshalb ich sie hier mit Auflösung der Abkürzungen abdrucken lasse; sie ist auf Pergament, bis auf einen kleinen Faltenbruch gut erhalten, vom Siegel ist nur ein kleiner Rest noch vorhanden. Theodericus dei gracia iunior Turingie Lantgravus orientalis marchio et dominus in Greutzh omnibus in perpetuum, cum consuetudo approbata per multum temporis in ius transeat sicut videtur, universaliter observari Effecit et statuit hoc ius generalis et antiqua moralitas ut omnes civitatum ant oppidorum incole utentes opere Mercatorio se debeant collectis, exactionibus, vigiliis, et aliis quibuscunque statutis iuribus communiter et similiter aliis onerare, Nos vero hanc consuetudinem videntes esse laudabilem et honestam, ipsam approbamus dantes vobis universis civibus et incolis nostris in Turgowe districtius in mandatis, quatenus quicunque vestrum in emendo et vendendo opus Mercatorium exercitant, ad faciendum ea quae civitati vestre de iure pertinent sub obtentu nostri favoris et gracie absque contradictione qualibet teneantur. ut autem hec apud vos incontaminata maneant et inviolabiliter omni tempore perseverent, hanc litteram sub nostri sigilli Karactere confectam vobis damus pro robore perpetuo et memoria sempiterna. Acta sunt hec et data lyqzk presentibus fidelibus nostris Friderico de Strele Alberto Knut, Heynrico de Kokeritz, Johanne de Geylnowe Tammone de Haldecke et quam pluribus aliis fide dignis. Anno domini Millesimo trecentesimo quinto pridie Nonas Junij.

²⁰) In dem schon erwähnten Schutzvertrag mit Friedrich dem Freibigen von 1308 werden zwar magistri et consules civium erwähnt, aber dieser Brief ist eine sklavische Abschrift des Briefes für Zwickau, sogar das Datum ist mit abgeschrieben, obgleich der Ausstellungsort des Briefes für Zwickau Andisleben bei Gebesee, das für Torgau Eilenburg ist, so daß die Urkunde für Torgau's Geschichte nicht zu verwenden ist.

²¹) Original verloren, Abschrift Privilegienbuch p. 24a.

— 42 —

Ebenfalls ungenau bei Wilcke 1. l. n. 145, deßhalb hier noch einmal abgedruckt. Nos Fridericus dei gracia Thuringorum lantgravius Myssnensis et orientalis marchio Dominusque terre Plyssnensis, recognoscimus et ad universorum presencium et futurorum cupimus noticiam devenire, quodcum de iure esse debeant socii laboris et passionis qui esse student participes consolacionis, hinc est quod nos omnes et singulos civitatis nostre Turgow Inquilinos mercatores negotiatores opifices mechanicos seu quovis modo intra muros Civitatis vel extra lucrari cupientes quocunque nomine censeantur, volumus et virtute huius litere ordinavimus precariis serviciis et serviciorum Contributionibus seu Iuribus et oneribus quibus libet subiaceri. Dantes Consulibus Civitatis predicte plenum mandatum cohercendi et compellendi talem vel tales ad Contribucionem Civitatis et servicia singula nobis facienda prout eis videbitur ad utilitatem expedire, Neminem eximentes nisi illum vel illos qui possunt contrarium vel suam exempcionem seu libertatem privilegio legaliter edocere. Preterea in maiorem dicte nostre civitatis conservacionem maturo de consilio ita statuimus in modum et in privilegii specialis presidium decrevimus eos Cives et civitatem talis esse condicionis quod circa nostrum Dominium seu Marchionatum Myssnensem in omnibus et singulis suis Iuribus manere et residere pacifice debent a data presencium sicut huc usque residerunt et vixerunt et prout poterunt testimoniis seu documentis vivis vel mortuis legaliter comprobare, ut autem huius modi nostra ordinacio seu decretum maneat processu temporis inconvulsum, predictis nostris Inquilinis hanc dari mandauimus literam, nostro Secreto ex absencia maioris sigilli communitam super eo Presentibus et Testibus Venerabili domino nostro Johanne Myssnensis ecclesiae episcopo, Friderico de Schoninburg nostro Capitaneo Arnoldo de Hersfelden Curie nostre magistro militibus et Secretariis nostris Albero de Maltitz Conrado de Walhusen et Nycolao de Gytin nostris Notariis, Actum Dressden Anno Domini Millesimo Tricentesimo Quadragesimo tercio in die Beati Mathei Apostoli et Evangeliste. (21. Sept. 1343.)

Von der Urkunde ist auch eine gleichzeitige (?) deutsche Uebersetzung vorhanden.

[21]) Darüber hat sich nichts erhalten; gemeint sind wol die Privilegien über den Rat.

[22]) Abschriften der jetzt verlorenen Originale im Privilegienbuche, der Vertrag mit Oschatz ist mit dem Grimmaischen gleichlautend.

Wir ratleute scheppin und burger gemeine czu Grimme bekennen in disente offene briebe das wir den burgern zu Turgowe behulfin wollin sin mit zcehen schuczen und mit zcwentigen mit pancire uf wagen ober gerhten so wir beste mogin einen tag und eine nacht bi in zcu sin uf unsre cost beide zcu schabin und zcu frummen, unsirs herrn und seines landes Diebe und rouber zcu vorstoren und zcu hindern und alle di jene di si wurden wissentlich hawsen obir hegen. Auch schullen die burger von Turgow in keine fursten briten noch dienstleute grifen an, es en si mit der stete rate ober von geheyse unses herren ober siner ratgeben. Daz bife vorgeschribene rede nach unsez herrn gebote stete und gancz werde gehaldin haben wir disen brif vorsigelt mit unsem Ingesigele zcu einer orkunde. Dirre brif ist gegeben nach gotis geburd dryzenhundirt jar in dem vir und virzcigsten jare an deme Sontage so man singit quasimodogeniti. (11. April 1344.)

²³) Ratsarchiv n. 9, Pergament, gegen Ende defect, Siegel verschwunden. Wir Diterich von Turgaw Herr czu Bichin Bekennen offintlich in dysem kegenwortigin brife und tun kunt allen dy en sehen obir horen lesen, daz wir mit guten willen mit vollbedachtem mute und mit rate unser freunde vorkoufin und vorkauft haben recht und redelich den weysen frommen gesworen der stad czu Turgau yn den geczyten Hans Boydecke burgemeystern. Hanns von Domucz. Ducze. Schucze kremer. Nyclas Domocz. Hanns schriber. Heynich von dem Hayne. frenczel nichtewicz. und dorczu der ganczen gemeyne und allen eren erben daz gerichte czu Turgaw daz man nennet dy voytye vor dreysig schock gl und vor hundert schock frybergischer muncze der sy uns liplich und gutlichin beczalt habin. Ouch lyhen wir und haben gelegin den obgenannten burgern zu Turgaw dy selbe voytye czu eyme rechte lehene erblichin gerugeclichin zu besiczen und czu habene ane allirley argelist mit allen rechten eren nuczczen fryheyten mit aller czugehorunge zo is unsir vatir an uns geerbit hat und wir selbir gehat haben bis an dyse czit und wolln sy vorteydingen glich andirn unsen mannen. Ouch geloben wir den egenannten burgern czu Turgaw in guten treuen daz wir sy mit den egenannten lehenen in keynir wege vorkowfin noch von uns wisen wolln, wenne an dy hochgebornen fürsten marcgraven czu Misen unsir libn gnedigen herrn ab sy begernde diz wern abir von uns nichten . . . . daz wir alle vorgeschreben rede . . . . und artikel stete und gancz halben wollen und . . . . . . und von unsen erbe gehalden werde. czu orkonde unser Ingesigl haben wir an dysen brief . . . . der gegebn nach gotis geburt dryczen= hundert in dem noyn und sibtenzichisten . . . . (ostir?) heyligin abinde. (9. April 1379. Niese las noch „ostir", jetzt sind diese Buchstaben ganz ab= gesprungen.)

Die in dieser Urkunde genannten Namen der Ratsmitglieder sind nicht die erstbekannten: in einer Urkunde von 1359, die leider verloren ist, was um so unangenehmer ist, als sie mit dem Stadtsiegel versehen war, von der aber Niese eine Abschrift genommen hat, werden genannt: Hermannus dictus Monachus proconsul (Bürgermeister), die andern consules (Ratsherren) Henricus Scholluz, Johannes de indagine (sonst vom Hayne), Nicolaus Herold, Hentzelin Denckyn, Nicolaus Melpitz; den letzten Namen liest Niese Hentzelin Ptolomeus, falsch für Perlemeus, was wohl Bartholomeus ist.

²⁴) N. D. n. 44 und Privilegienbuch p. 145a.
²⁵) Chron. Mont. Ser. ed. Eckstein p. 74 ad an. 1205 in einer Ueber= sicht der Verdienste des Probstes.
²⁶) R. A. 12.
²⁷) R. A. n. 19 u. 22, dünnes Pergament, Brief u. Siegel gut erhalten.

In der einen Urkunde wird berichtet: Mgf. Wilhelm hat das Schultheißenamt und die zwei Pfennige an dem Gerichte für 153½ rhein. fl. an die Stadt versetzt, jetzt hat die Stadt dem Kurfürsten Friedrich noch hundert Schock Groschen auf das Schultheißenamt und die zwei Pfennige gegeben, dafür verschreibt er der Stadt das Schultheißenamt und den dritten Theil des Gerichts erblich. In der andern Urkunde (von demselben Tage, 7. Jan. 1437, und mit denselben Zeugen) werden für dasselbe Geld der Stadt die zwei Pfennige am Gerichte auf sechs Jare verpfändet. Warscheinlich ist die erstere Urkunde, da es sich um das Schultheißenamt und um den dritten Pfennig gar nicht handeln konnte, ein Irrtum der Kanzlei und als solcher vom Rate zurückgewiesen, der Grund aber, weshalb sie doch aufbewahrt, nicht ersichtlich, wenn man nicht annehmen will, daß der Rat darin einen weiteren Beweis für seinen Besitz haben wollte.

[23]) Nach dem alten Stadtbuche.

[29]) R. A. n. 28. Abschrift im Privilegienbuche fol. 33b. Die Namen der gewälten und vom Kurfürsten bestätigten Schöppen sind: Matthes Dommatzsch, Jacob Sonnewald, Nickel Mehtzsch, Nickel Koch, Borghard Rouber, Nickel Heidenreich und Hans Nüffel d. j.

[30]) Ein scultetus dictus Schyban macht 1343 eine Schenkung an Sitzenrode (Cod. Sax. reg. II, 1. n. 442); warscheinlich war das Amt auch hier an den Besitz einer Hufe gebunden, wenigstens schenkt 1402 Mgf. Wilhelm der Kirche einen Hof gegenüber dem Pfarrhofe, der „vormals Schulteysenhof geheißen hat". (D. N. n. 64 nach einer Abschrift Lingkes aus dem (verschwunden? in Dresden?) weißen Amtserbbuche fol. 165).

[31]) Abschrift des jüngeren Stadtbuchs im Ratsarchiv Cap. II, 1, n. 5 im Anhange; sie ist nicht von 1636, denn diese Zal hat nur ein späterer Benutzer hinein geschrieben, sondern gehört dem 16. Jarhundert an. Am Schluß der Formeln steht: Dies hat Georg Loeser, Stadtrichter, auf Bit eines neuen Richters (aufgezeichnet) im Jare 1540 und (ist) mir Andres Spaldholz durch einen guten Freund geliehen im Eingange meines Richteramts welches geschehen Erhardi a. 1543.

[32]) 1481 an Hupolt von Sleinitz 2000 fl., 1485 an Heinrich Loeser 1000 fl. (nach dem Privilegienbuche), auch hat der Rat 1479 die Holzmark Pretzschau um 250 rhein. fl. erkauft.

[33]) R. A. n. 49.

[34]) Der Visitationsbericht, von Barthel Weiße launig geschrieben, im Anhange der unter Anm. 31 erwähnten Abschrift des Stadtbuchs.

[35]) Anhang derselben Abschrift des Stadtbuches. Was hier gegeben wird, ist älter als 1488; es wird nämlich als Tag der Wal der Tag vor Thomas (20. December) genannt, das gilt aber nur von der Zeit vor 1488; von da an bis 1556 ist der Rat erst um Johannis, dann Michaelis, von 1556 an am Montag nach dem Sonntag nach Ostern gewält.

[36]) In einem Convolut über Ackerbau im Ratsarchiv werden 1538 und

1578 Ackerstücke und Wiesen an folgenden Orten aufgezält: a) Fischeraue, alte Lehmgrube, neuer Ziegelhof, Fuchsberg, Schatzberg, große und kleine Nachtweide, Hirschwinkel, Mittelwische, Ober- und Nieder-Mahle, Weinberg, Wolfswinkel, Ziegelwiese, Körichen (Wiese vorm Fischertore), Kreuzborn, Freitagsland, am Dommitzscher Wege, am Heergraben, am Zinnischen Wege, Pfunds halbe Hufe. b) Schillers Breite bei Zwethau, Muschwitz Breite, Tünchers Breite, Breite zwischen Zinner Trift und Egelspfül, eine halbe Hufe in Boragk. 1595 werden auf das Artland der unter a genannten Bezirke 251 Scheffel Aussaat gerechnet. (Auf das Feld zu Beinewitz 160—180 Scheffel.)

[37]) N. D. n. 46, und Privilegienbuch fol. 41b.
[38]) R. A. n. 40.
[39]) R. A. n. 34 und 42.
[40]) cod. Sax. reg. II, 1, n. 442. St. M. 4 und Privilegienbuch fol. 77a.
[41]) R. A. 16.
[42]) N. D. n. 218.
[43]) Von Niese aus dem ältesten Stadtbuche ausgezogen.
[44]) Bei Abtretung des Mühlhofs aufgezält im Privilegienbuche p. 145a.
[45]) St. M. n. 21.
[46]) Ueber dasselbe ist bei Grulich-Bürger p. 232 gehandelt, über ein Jacobshospital ebenda p. 11. Die Urkunde über die Uebertragung des Hospitals an die Stadt vom 7. Mai 1370 ist jetzt nur abschriftlich im Privilegienbuche erhalten. Besondere Zuwendungen 1) die 6 Gr. vom Mühlhofe 1387. 2) 1409 hat Frau Alczsche Lemanynne ein halb Viertel Landes zu Knesen geschenkt, aus dem Zinse sollen die armen Leute in dem Siechhause (Hospital) gekleidet werden. (Aeltestes Stadtbuch.) 3) 1440 wird erwähnt, daß Simon Tusil (früher) eine Hufe bei Torgau geschenkt hat. (St. M. n. 19.) 4) 1441 wird angegeben, daß die wüste Mark, das Beißholz (bei Melpitz) dem Spital gehört, doch lasten Zinsen darauf. (St. M. n. 20.) Der Rat hat von 1476—1488 die Aecker des Spitals an Jorg Pfeifer verpachtet, der Pächter muß 5 Arme im Spital vollständig erhalten, außerdem 2 Malter Roggen und 2 Malter Gerste järlich an die Stadt zinsen und 2 Hufen verschossen. Die Aecker liegen nicht beisammen: am Galgen, in der Zinner Aue, am Kalkberg, jenseit des Weinberges, am Schatzberge, beim Steinwege, bei der Schießstange, bei der Ziegelscheune. Mitteilungswert ist die Aufzälung des Inventars; der Rat überließ als eisernen Bestand dem Pächter: 4 Pferde (zu 14 Schock Gr. veranschlagt), 2 beschlagene Wagen, 4 Selen und 2 Hantselen, 1 Sattel, 1 Pflug mit Sache (= sech) und Schar, 9 Schweine und 3 Ferkmütter (= varchmuoter Zuchtsau) (zusammen zu 8 Sch.), 6 Spieße mit geräuchertem Fleisch (zu 20 Gr.), 9 Faß und 5 Viertel Trinken (das Faß zu 7½ Gr.), 1 messingenen Fischkessel (zu 8 Gr.), 2 Faß mit Sauerkraut (zu 24 Gr.), 1 Kessel im Kachelofen vermauert (30 Gr.), 3 Betten, 1 Tuch und 1 Pfül (1 Sch. 12 Gr.), 10 Ferkel von 8 Wochen, 5 von 3 Tagen, 1 Hackitzsch (Zuchteber), 70 Hühner, 5 Gänse, 2 gantze (= Gänserich) und 2 Enten. Ferner 1 Malter große, 1 Malter kleine Gerste, 2 Malter Korn,

30 Scheffel Hafer, 4 Scheffel Erbsen, 2 Scheffel Wicken, 30 Scheffel Wintergerste zum Bierbrauen, ½ Scheffel welke Rüben, 10 Schock Hafer-, Gersten- und Rockstroh, darunter 2 Schock gutes Bandstroh, 3 ganze Treber, den Hof voll Mist. Nach 1482 muß der Spitalmeister die Bewirtschaftung wieder selbst übernommen haben.

⁴⁷) Nach dem neuen Stadtbuch von 1555, doch wird das meiste als „alter Brauch" bezeichnet.

⁴⁸) Im alten Stadtbuche waren als Ausnahmen verzeichnet: Ulrich von Pak hat in Weidenhain einen Kretscham mit Mälzen, Brauen, Backen, Schlachten, einen Schuhmacher (denn auf dem Lande durften auch keine Handwerker sitzen), der soll gerben und schuh machen, zwei Schröter (Schneider), einen Schmied und einen Leinweber. Derselbe in Neiden einen Kretscham mit Mälzen und Brauen, der soll nicht schlachten noch backen, nur schenken; einen Schröter und einen Schmied. Benedict von Wesenig hat daselbst einen Kretscham mit Mälzen und Brauen, einen Schuhmacher, der nicht gerben soll, einen Schröter, Leinweber und Schmied, Friedrich von Wesenig hat in Klitzschen einen Kretscham mit Mälzen und Brauen. Hans Vatter in Beckwitz einen Kretscham mit Mälzen und Brauen. Der Hofmeister von Nimpschen in Mehderitzsch ebenso, auch der Probst von Sitzenroda in Sitzenroda und Taura, einen Schuhmacher, Bäcker, Schröter.

Im jüngeren Stadtbuche sind noch mehr Ausnahmen verzeichnet: die Krüger in Schöna, Mehderitzsch, Melpitz, Langenreichenbach und Beckwitz dürfen für ihren Bedarf brauen, aber nicht im Ganzen verkaufen; wenn ihr eignes Bier ausgeht, dürfen sie nur Torgauisch füren. Die Krüger in Kobershain, Dornreichenbach, Taura, Sitzenroda, Mockrehna und Melpitz dürfen neben dem Torgauer Bier auch Schildaer füren.

⁴⁹) Ueber diesen Punkt hat jüngst erschöpfend gehandelt K. Zeumer in: „Die deutschen Städtesteuern." Leipzig 1878.

⁵⁰) N. D. n. 111 und Privilegienbuch fol. 36b.

Anhang: Die Kirchen.

Da über die Kirchen bei Grulich-Bürger ausfürlich gehandelt ist, folgen hier nur kurze Notizen und Ergänzungen; das Kirchenvermögen und dessen Verwendung in der Reformation wird an einem andern Ort besprochen werden.

1) Die Stadtkirche, Marienkirche. Es ist warscheinlich, daß sie von Tiemo, dem Vater Markgraf Conrads d. Gr. vor 1100 gegründet ist, die romanische Turmanlage fällt ins 12. Jarhundert. Die Annahme, daß die Erbauung der Hallen ins 14. Jarhundert fällt, wird durch die Angabe bestätigt, daß 1392 ein neuer Chor zu Ehren Peter-Pauls gebaut wird (St. M. 9). Die Vollendung des Mittelchors fällt in das Ende des 15. Jarhunderts, doch habe ich eine Angabe, daß sie ins Jar 1479 falle, nirgend gefunden; das Westportal trägt die

Zahl 1516. Die Schönheit des Baues wird jetzt durch die häßlichen Emporen und Stühle ganz verdeckt. — Sie war die einzige Parrochialkirche in der Stadt, alle andern Kirchen (mit Ausnahme der Klosterkirche, die ganz abgesondert da= steht) und Capellen hängen von ihrem Pfarrer ab. Das Patronat über sie wurde 1243 den Cisterzienfernonnen in Torgau (später in Nimpschen) über= tragen, 1410 von diesen vom Markgraf Wilhelm wieder eingetauscht, 1525 an den Rat abgetreten.

2) **Kirche zum heiligen Geiste.** Ob eine solche schon 1307 erwähnt wird, ist sehr fraglich, denn die Urkunde, deren Abbreviatur Riese (N. D. n. 15) als St. Spiritus aufgelöst hat, ist verloren; jedenfalls wird sie 1414 neue Capelle genannt (R. A. 15; St. M. 12) und noch bestimmter in der Bestätigung Bischof Rudolfs von Meißen (D. N. 72) als errichtet und fundirt bezeichnet; von einem Neubau ist nichts gesagt. (Die Urkunde von 1307 ist (mit Lesefehlern) gedruckt bei J. F. Fohl, letzte Predigt in der Kirche zum heiligen Geiste, Torgau 1811, im Anhange.)

3) **Die Martinscapelle** auf dem Schlosse. Sie wird schon 1346 in der meißnischen Matrikel erwähnt. 1362 wird ihr von päpstlicher Seite als einer neugegründeten Capelle Ablaß erteilt.

4) **Die Nicolaikirche.** Sie wird als eine Filialkirche zuerst 1359 erwähnt, scheint aber älter zu sein; ihr haben sich mit Vorliebe die Handwerker mit ihren Stiftungen zugewandt. In dem großen Brande von 1482 hatte sie sehr gelitten, noch 1494 wurde an ihrer Bedachung gebaut.

5) **Die Franziscanerkirche.** Die Franziscaner haben sich in Torgau viel früher niedergelassen, als man bisher annahm. Schon 1243, erfaren wir aus einer Urkunde des Bischofs Conrad von Meißen aus diesem Jare (cod. Sax. reg. II, 1. n. 124), sind einige Häuser der Minderbrüder im Bistume errichtet; Conrad bestimmt für das Kloster in Torgau als Kirchweihtag ihrer Kirche den Bartholomeustag (24. Aug.) und gewärt denen, welche die Kirche an diesem Tage besuchen, Ablaß. Weiteren Ablaß erteilt er 1253 (cod. Sax. reg. II, 1. n. 173). An der Kirche ist noch 1492 gebaut worden. Die Franziscaner scheinen bei den Bürgern wenig beliebt gewesen zu sein, obgleich sie in Fällen, wo die andere Priesterschaft ihre Dienste versagte, gern aushalfen und der Rat schon 1360 in ihre Gebetsgemeinschaft aufgenommen ist; es finden sich nur wenige Schenkungen an dieselben.

Die von Bürger p. 321,4 erwähnte Capelle verdankt ihre Existenz höchst warscheinlich der Phantasie Boehme's.